巨變的時代

——陳啓川先生傳

第一章 大時代中的世家之子

高雄醫學院
咳！

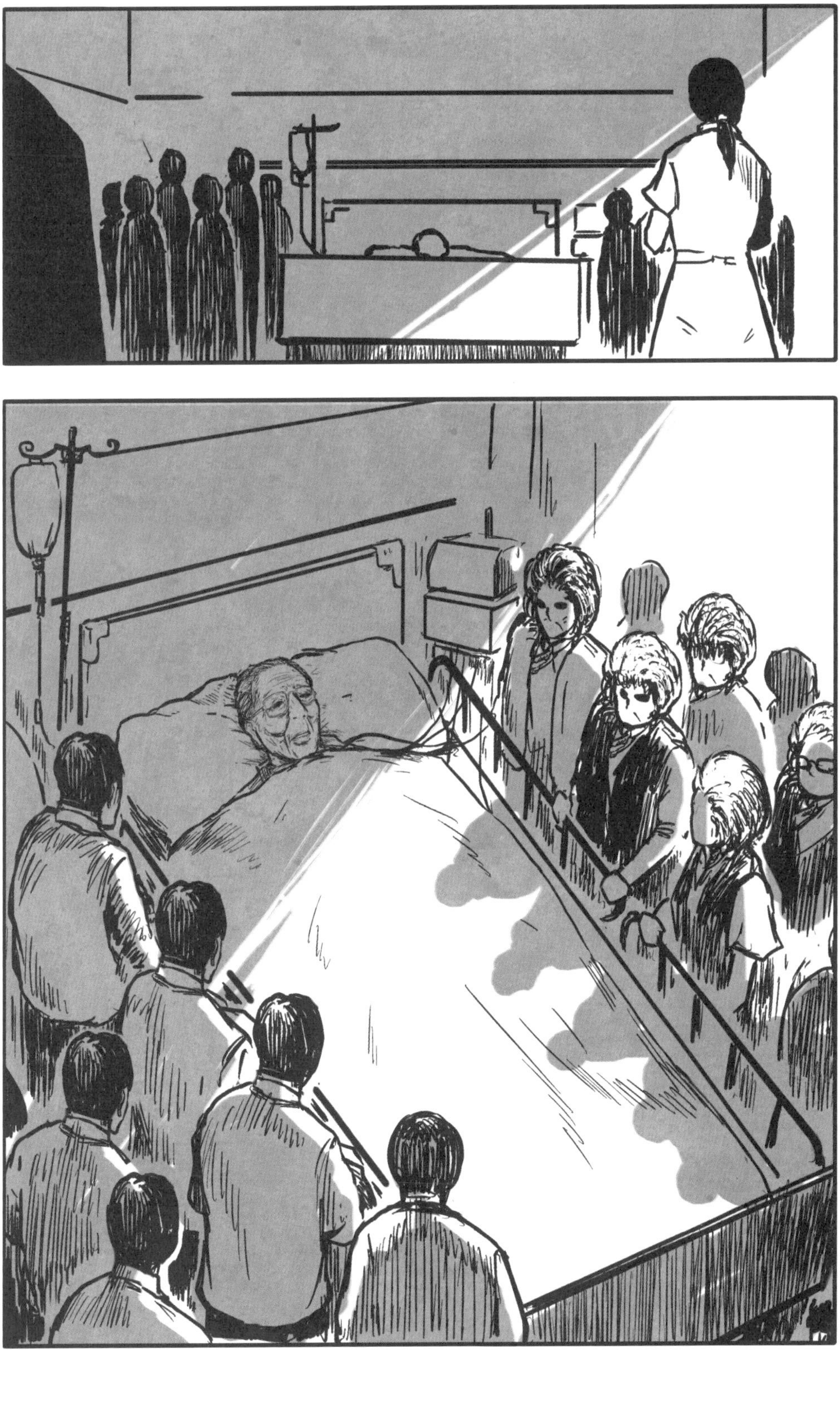

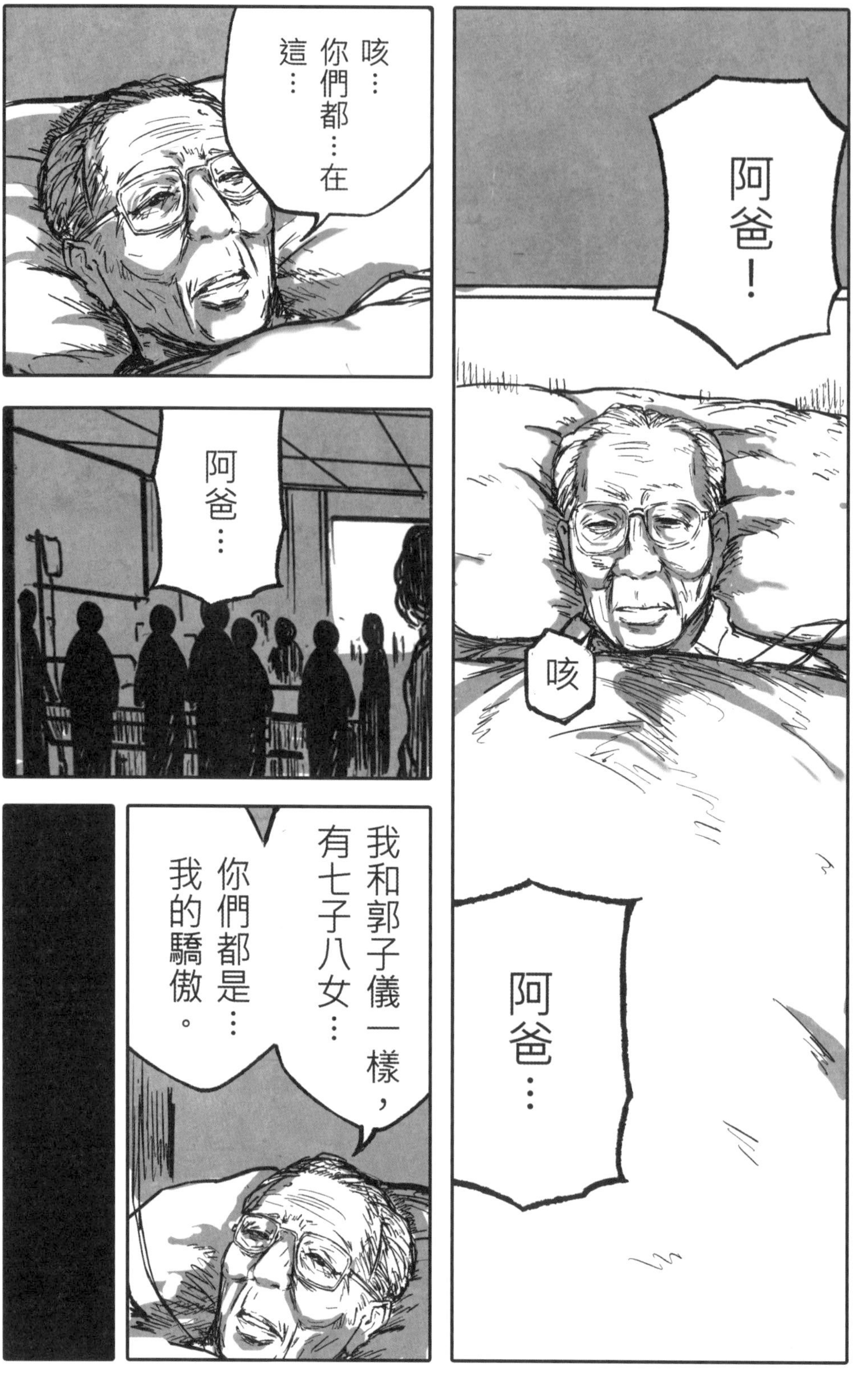
阿爸！
咳
阿爸…
咳…你們都…在這…
阿爸…
我和郭子儀一樣，有七子八女…
你們都是…我的驕傲。

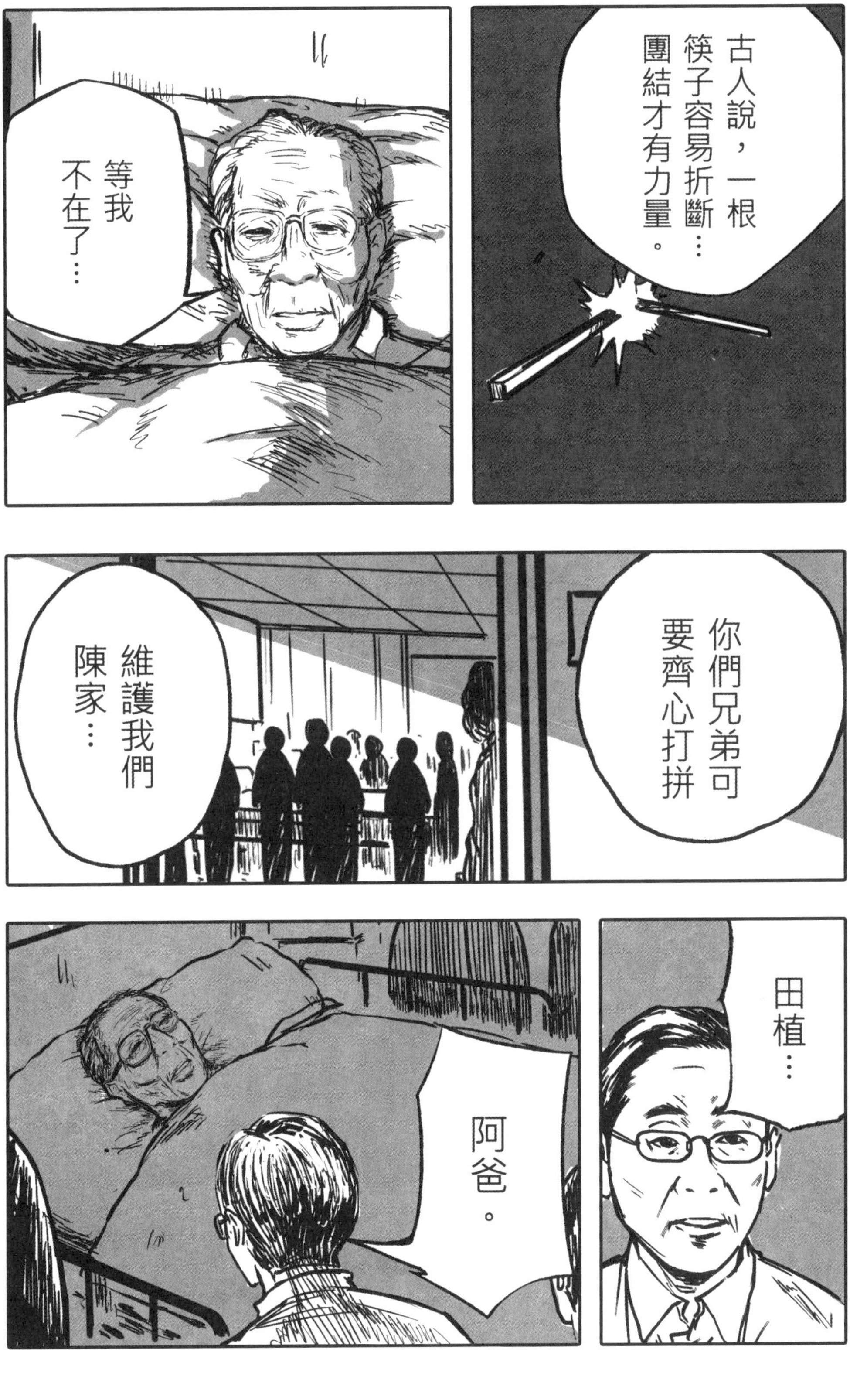
古人說，一根筷子容易折斷…團結才有力量。
等我不在了…
你們兄弟可要齊心打拼
維護我們陳家…
田植…
阿爸。

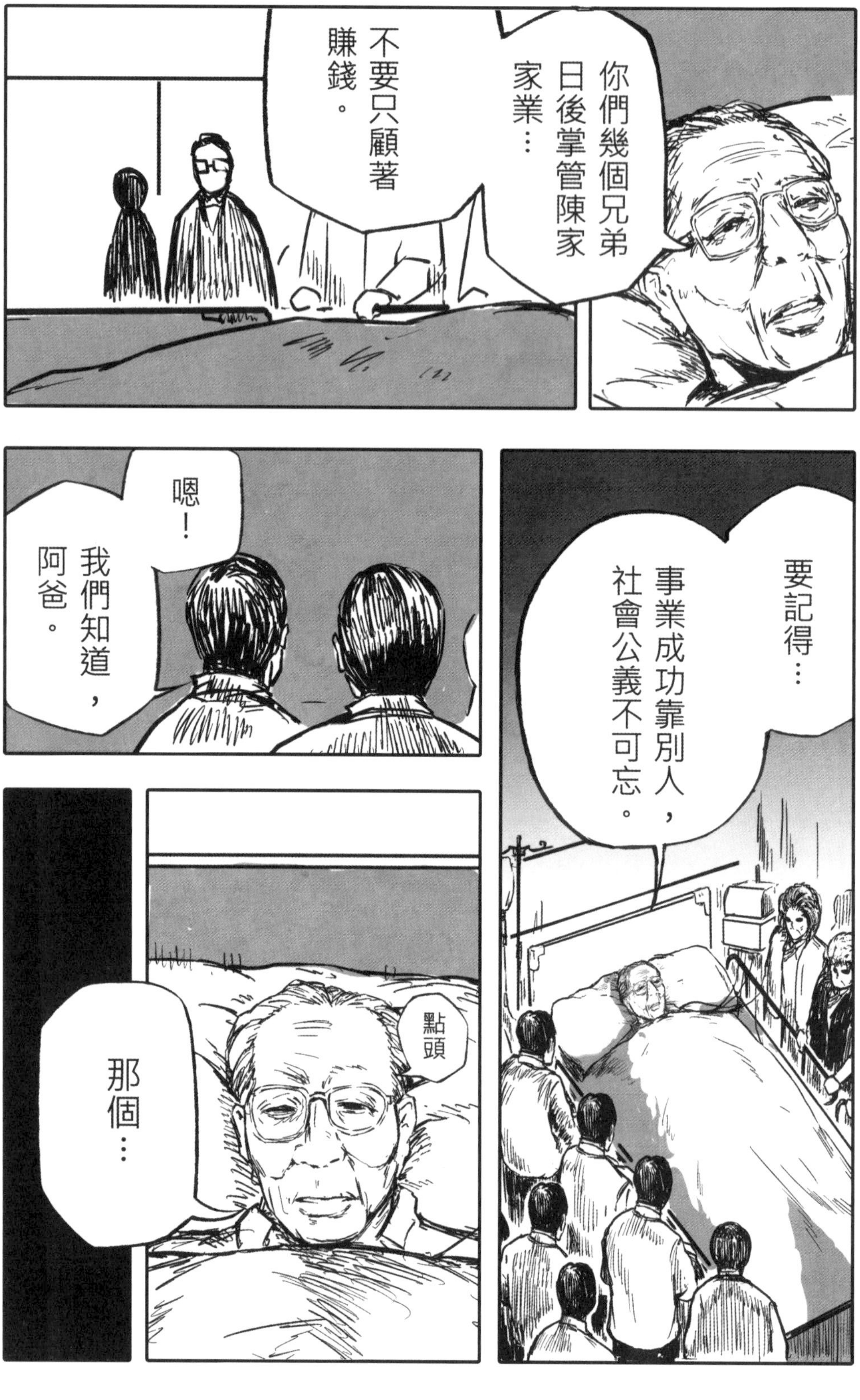
你們幾個兄弟日後掌管陳家家業⋯⋯
不要只顧著賺錢。
要記得⋯⋯
事業成功靠別人，社會公義不可忘。
嗯！我們知道，阿爸。
點頭
那個⋯⋯

母親節…
好像過了…
前天剛過。
我就要去和你們阿嬤團聚了。
阿爸，您不要這樣說。
咳
咳
阿爸—

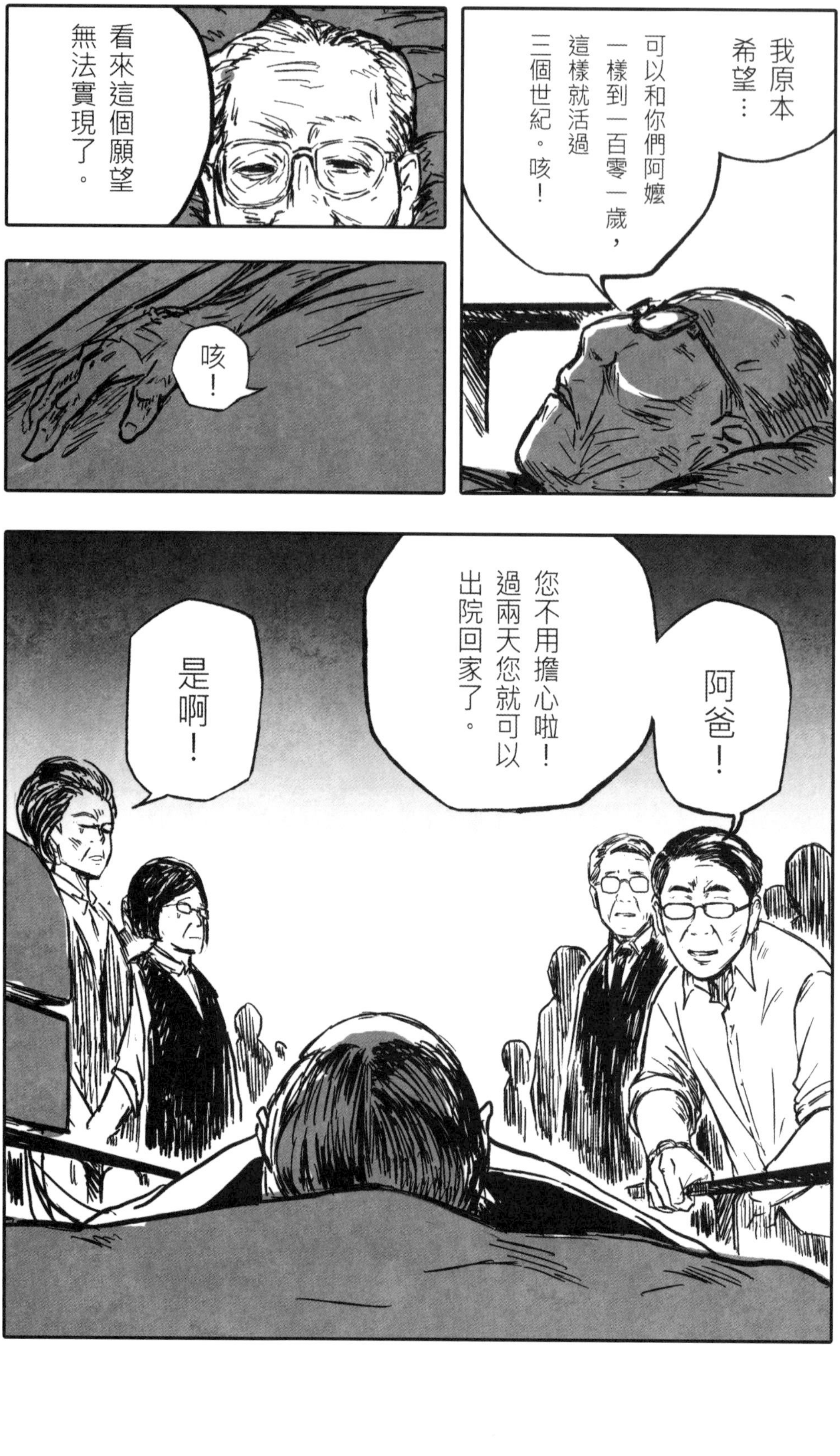
我原本希望…可以和你們阿嬤一樣到一百零一歲，這樣就活過三個世紀。咳！
看來這個願望無法實現了。
咳！
阿爸！
您不用擔心啦！過兩天您就可以出院回家了。
是啊！

阿爸……
咳！
咳！咳！
阿爸!!
我看看！
阿爸！阿爸！

快去找醫師!!
醫師!!

快!!
我來看看!
搖頭
搖頭
一九九三年
五月十一日
清晨五點

高雄醫學院

出殯隊伍
唉…

阿公
……
出殯的人是誰？
您認識嗎？

唉！
高雄市民誰不認識他！
他是我們的老市長，對高雄市建設良多。

大家都尊稱他為「高雄市大家長」

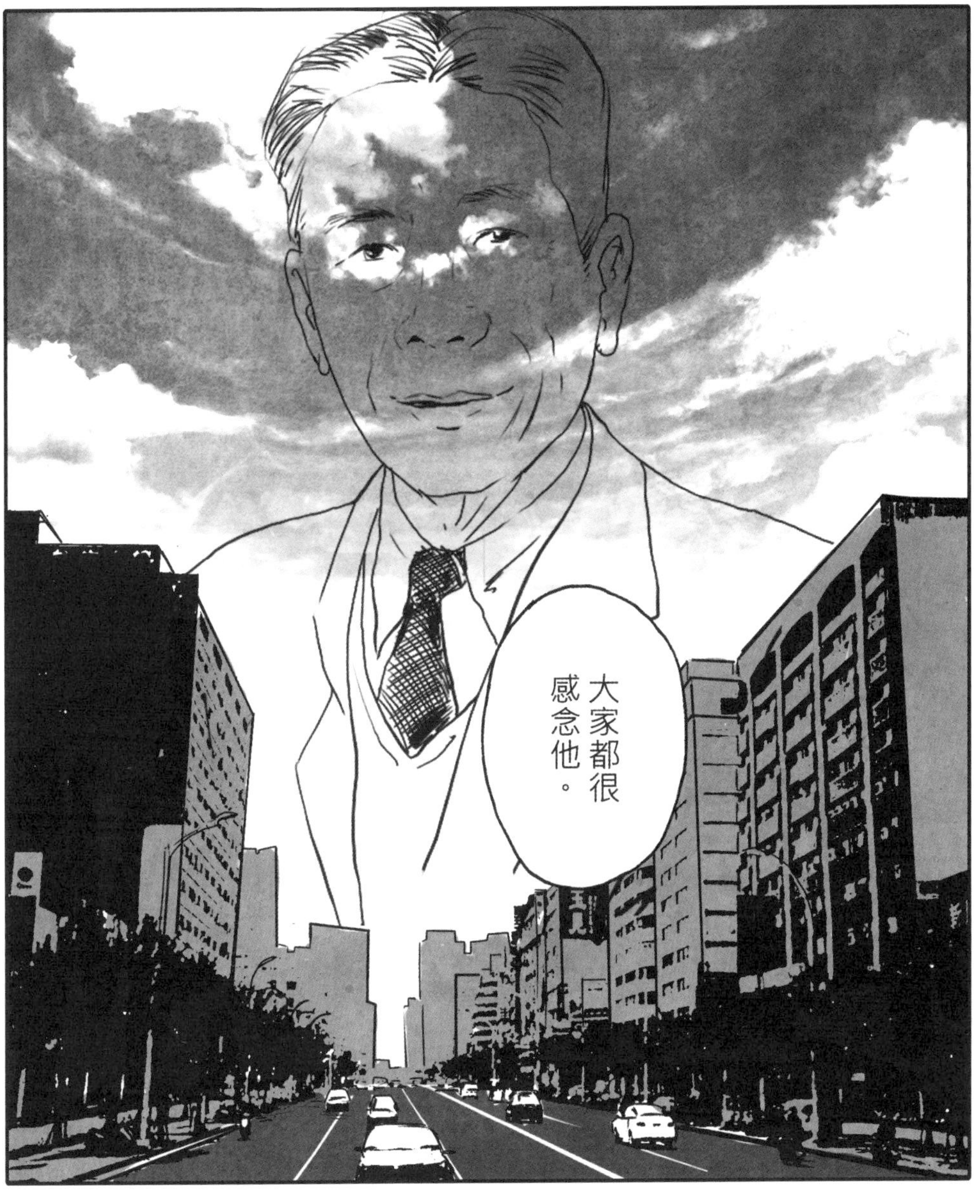
大家都很感念他。

那一年⋯
（一八九九）
資訓堂

老爺!!
老爺!!
夫人生了!
是個男孩。

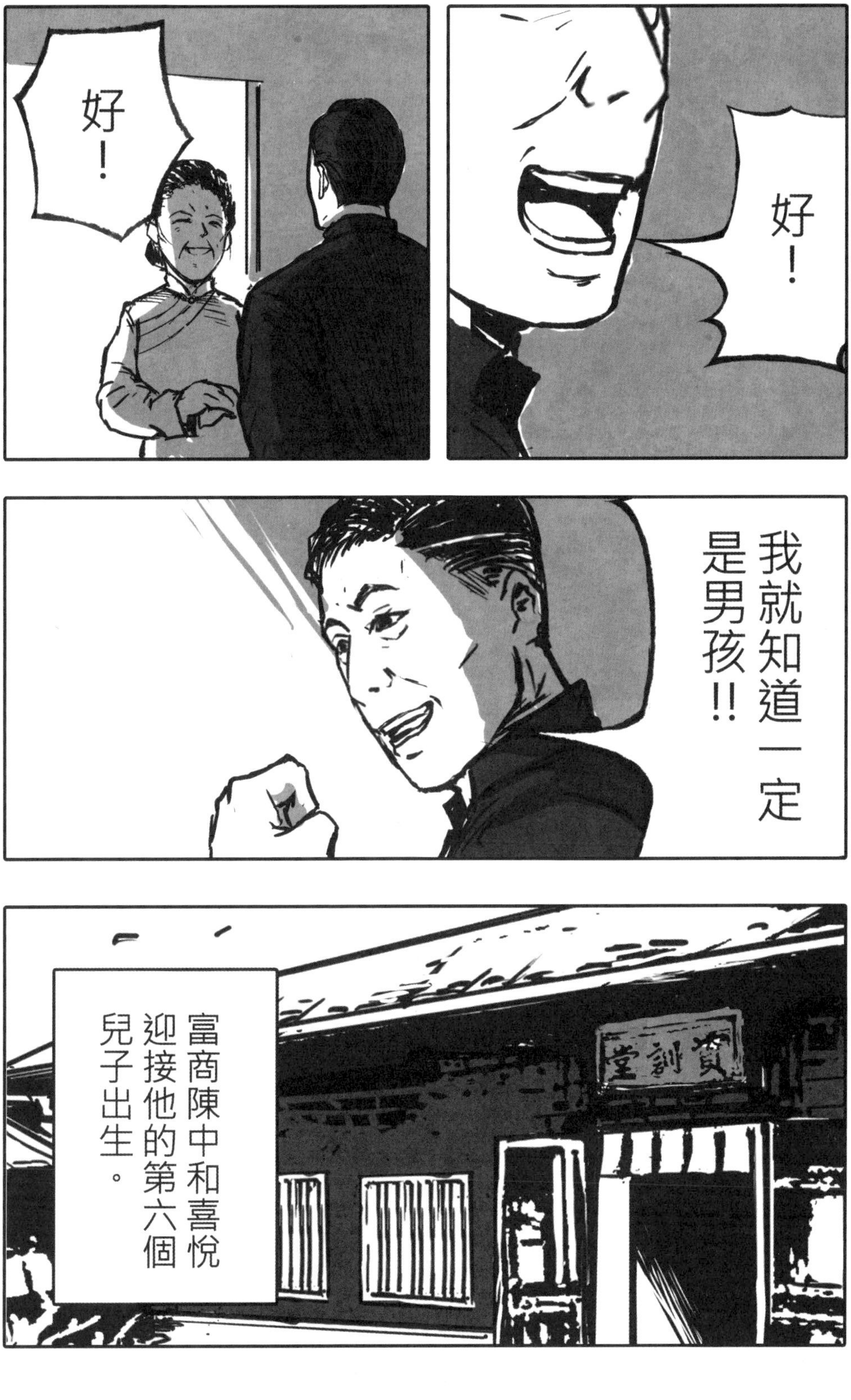
好！
好！
我就知道一定是男孩!!
富商陳中和喜悅迎接他的第六個兒子出生。

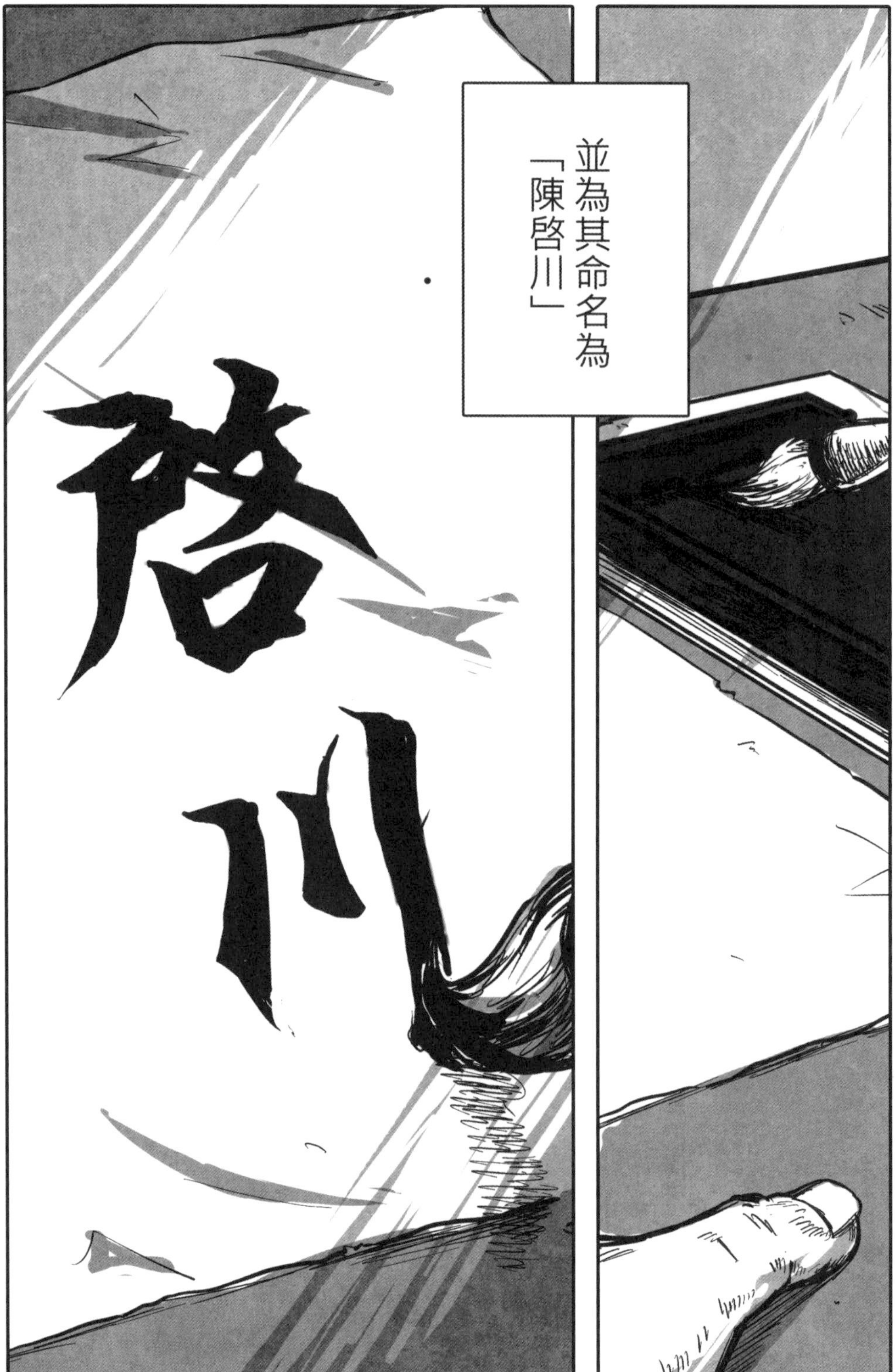
並為其命名為「陳啓川」
啓川

陳中和早年靠
經營打狗（高雄）
糖業，
和中國沿海與橫濱
間貿易而發跡，
累積了
不少財富。
日治時期，
陳家已是打狗（高雄）
著名富紳之一。

陳家
陳老爺…
陳老爺您所提應該將糖廠設立在橋仔頭的建議和分析都很有道理啊！
是的！
我很看好製糖的發展。總督府做這件事情是真正對臺灣好的。
若是…

還有我使得上力之處……
我陳中和願盡力協助促成此事！
哈哈哈！
陳老爺應允出資並擔任董事，對此事已是出力良多。
好！
總督府與三井物產、鈴木會社
都很感謝陳老爺的鼎力相助。

日治初期，為求臺灣財政獨立，
總督府欲發展製糖業。
而……
日方尋求的臺灣投資代表人，就是長期從事糖業輸出貿易的富商陳中和。

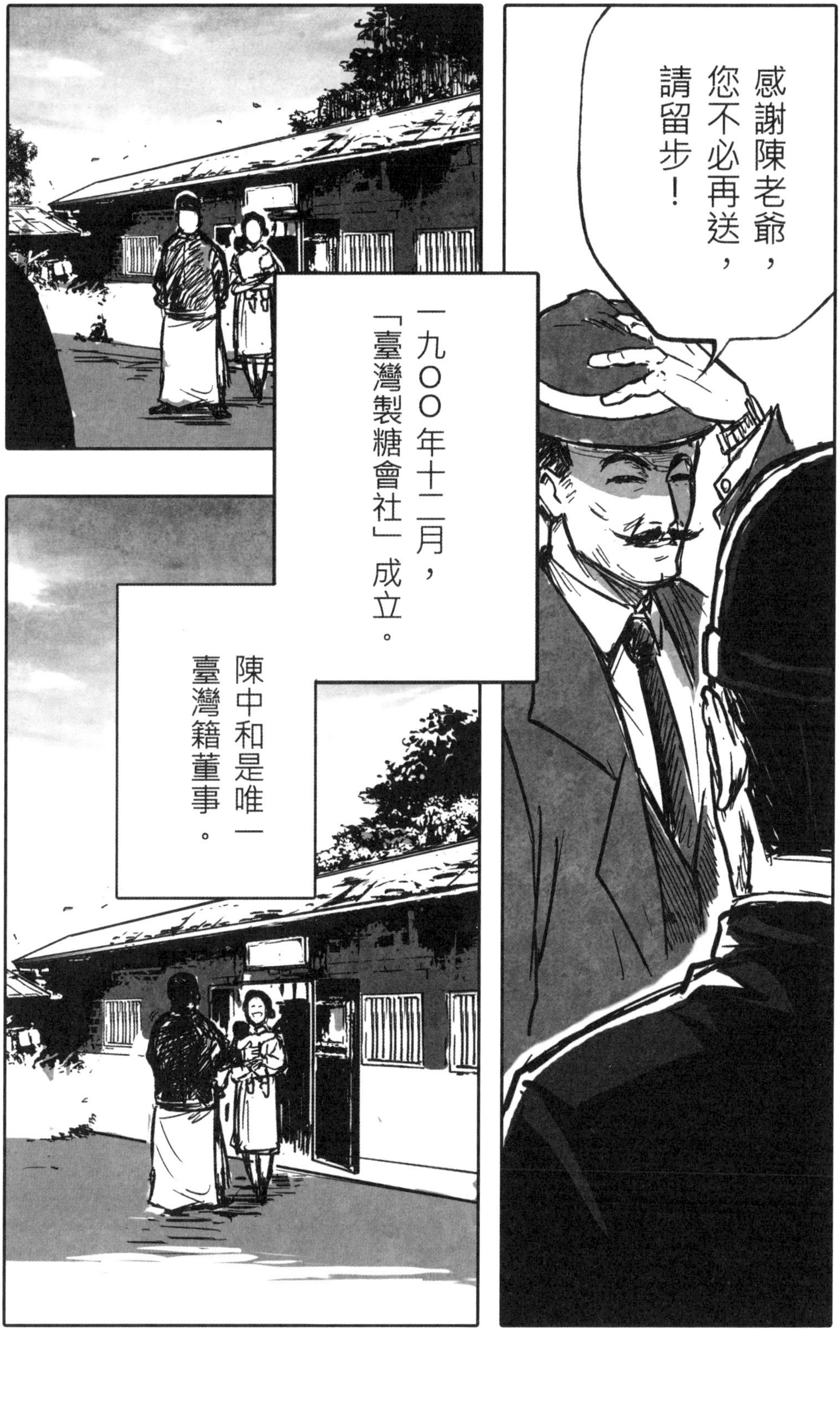
感謝陳老爺，您不必再送，請留步！
一九〇〇年十二月，「臺灣製糖會社」成立。
陳中和是唯一臺灣籍董事。

哇~哇~
啟川少爺不哭~不哭。
在哭什麼啊？來！阿爸抱抱。

來！阿爸抱抱。
乖！不哭。
啟川啊！這是一個巨變的時代。
你要趕快成長，未來幫助阿爸打拼事業。

這時陳啟川一歲半。

苓雅寮公學校
阿川仔！
等一下我們要去下寮水邊玩，你要一起去嗎？
我今天回去還要上漢文課，不能跟你們去啦！
好吧！那我自己去玩了！

さよなら
またあした
（明天見）

喝
資訓堂
弓、馬、仆、虛、歇……
是我們這套拳的基本。
弓為其首，弓步架得好，拳才練得好。

陳中和認為強健體魄是一切的根基，
因此特別聘請南拳教師，教導啟川武術。
不錯！
你進步很多喔！
多謝師傅。
師傅辛苦了！

阿川很聰明，又很勤勞，才上過幾次
就已經掌握紮弓步的要領了。
哪裡！
是師傅教得好。
那麼我先回武館了。
多謝師傅。

你進去休息一會，桌上有點心。
阿母
我練拳練得好累。
今晚可不可以不要上漢文課啊？
這話你得自己去跟你阿爸講，
我才不敢替你做決定！
阿爸才不會同意！
你阿爸希望你能把漢文讀好，
就算現在日本人管事，
但我們總不能忘了自己的根本啊！
我知道了阿母。

陳家
進必趨，
退必遲。
進必趨，
退必遲。
問起對，
視勿移。
問起對，
視勿移。

這……
「進必趨，退必遲」的意思，就是說我們做晚輩的……
若是有事，要到長輩面前，一定要端正快步走向前，態度認真而恭敬。
而要退離時，就一定稍微走慢一點，這樣才合乎禮節。
……
先生
我們做晚輩的，如果快步走到長輩面前
這樣不是會驚嚇到長輩嗎？怎麼反而會是有禮節呢？

這⋯⋯也是有道理。

就這樣，陳啟川在課餘，仍要接受漢文教育。

※「現在，大日本帝國國土的最南端，是臺灣的鵝鑾鼻。」
※「南方的鄰國是美國所屬的菲律賓。」

然而……
除了學校教育……
陳啟川還要上武術課。
強健體魄。

這也影響了陳啟川對於
體育、運動的喜愛，
進而養成日後性格上
堅毅果決的基礎。

苓雅寮公學校
來！
大家看這邊，要拍了喔！

隨著少年時期的結束
迎接他的……

是未來寬廣
的青年階段。

打狗港
新濱碼頭
阿川
你要好好照顧自己唷！
【陳梅】
嗯！

阿川
你在家裡，任何事都幫你做好了。我擔心你自己在那邊……
阿姐……
妳不用煩惱啦！還有四哥照顧我。
快上船去吧！

等啟峰接到你後，記得打電報回來報平安。
【陳啟貞】
阿姐，我該出發了！
保重！
阿兄、阿姐
那我走囉！

我知道妳跟阿川感情最好，所以捨不得。
我們家幾個兄弟也都是這樣過來的。
何況…
還有啟峰在那邊。
妳不用擔心啦！

一九一二年，
十三歲的啟川
登上前往日本
橫濱的客輪。

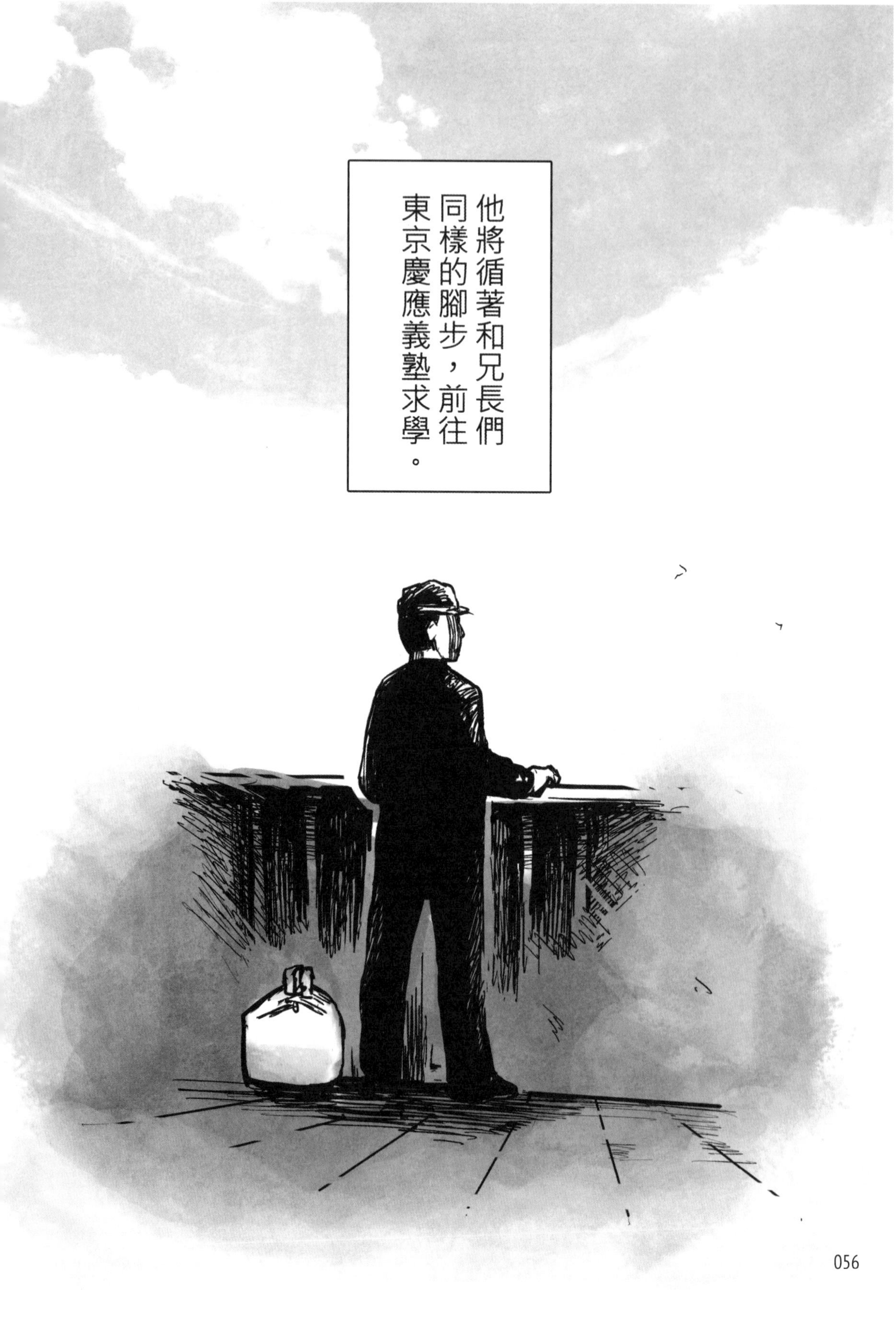
他將循著和兄長們同樣的腳步，前往東京慶應義塾求學。

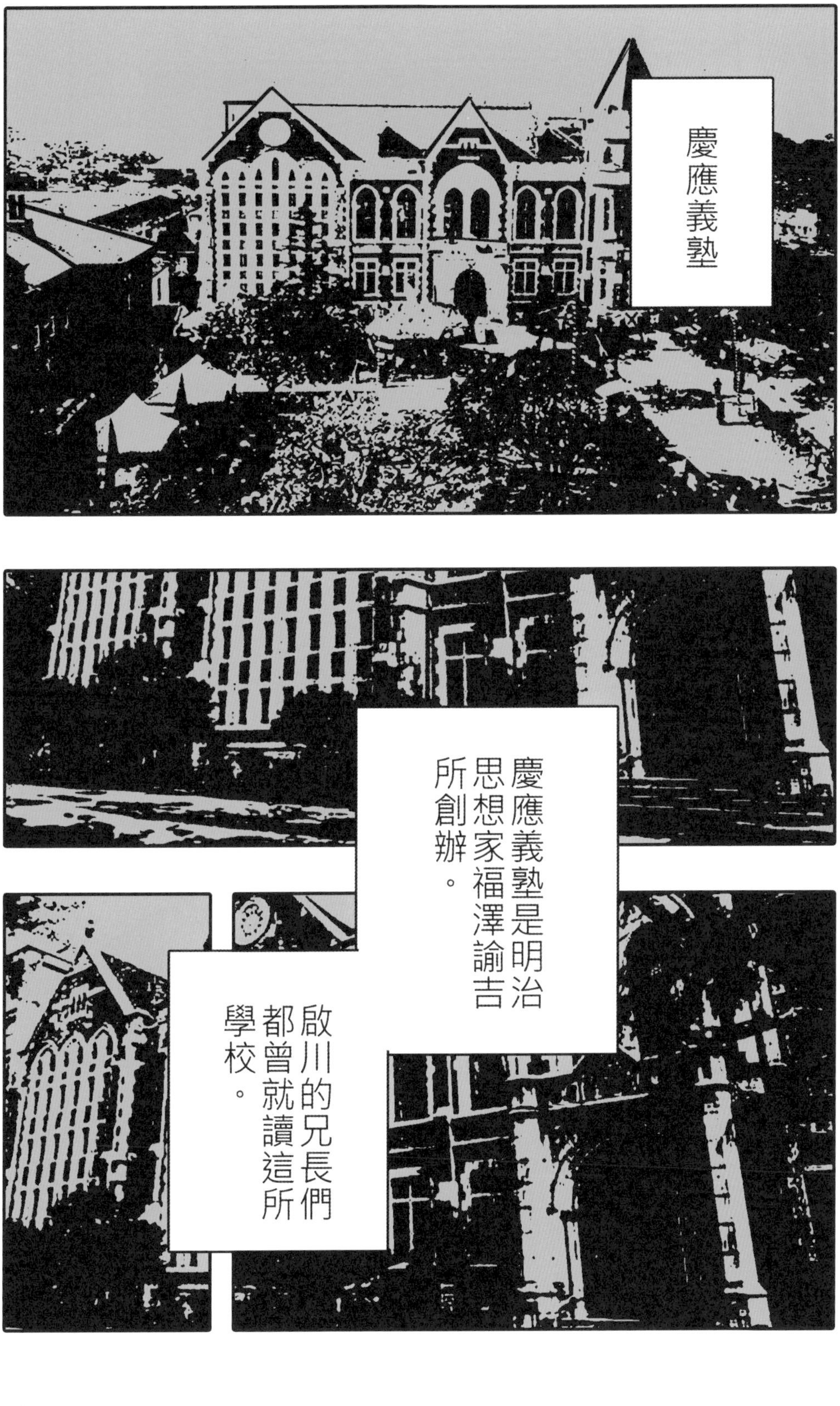
慶應義塾
慶應義塾是明治思想家福澤諭吉所創辦。
啟川的兄長們都曾就讀這所學校。

福澤諭吉
這就是
我們慶應義塾的創辦人福澤諭吉的事蹟。
各位來到本校務必要好好學習…
這才對得起這位明治維新偉大的教育家。
辦學校啟發人民智慧，才能讓國家茁壯，跟世界列強競爭。

教育家
臺灣也需要像這樣偉大的教育家啊！
啟川進入慶應義塾，接受中學教育。

在校期間，啟川也開始展露出優秀的體育表現。

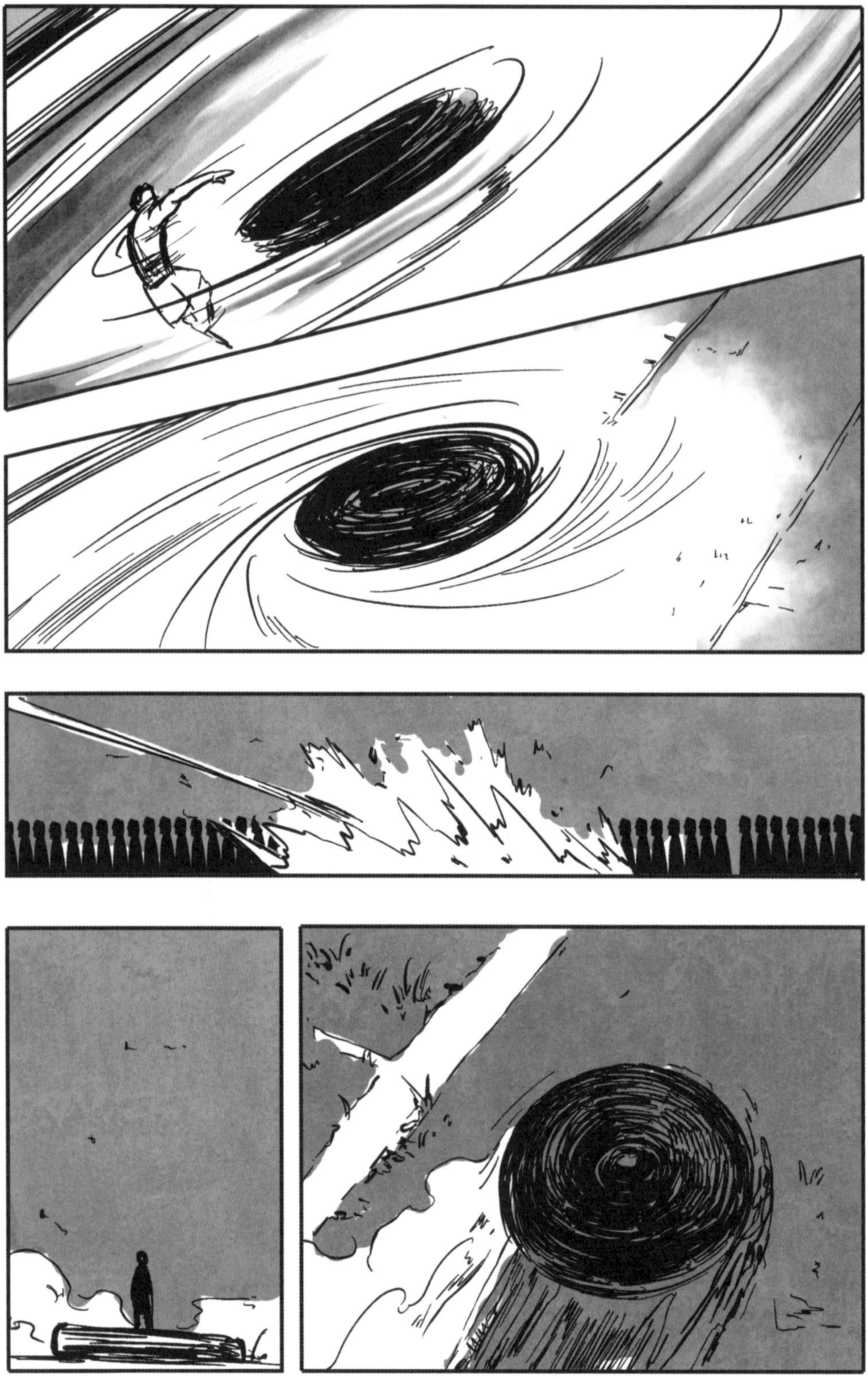

成績
二十三點七零公尺。
阿兄水喔！這樣的成績冠軍了啦！
水喔！
一九一八年，學校舉辦首屆「慶義競技會」，啟川參賽鐵餅項目。
一九一九年的第一屆全國中等學校選手權大會於東京駒場舉辦。

那一年，陳啟川不僅學業表現優異，
在體育各項競賽都大放異彩。

陳啟川為臺灣第一人參加
全能運動項目之選手，
是為先驅者。

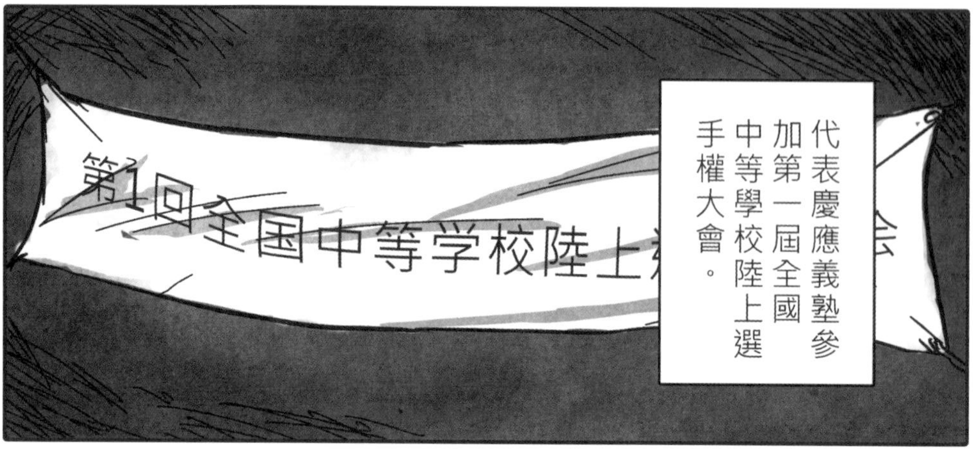
第1回全国中等学校陸上
代表慶應義塾参加第一屆全國中等學校陸上選手權大會。

同時
在百米賽跑、兩百米賽跑、鐵餅、鉛球和標槍等

五項個人競賽獲得金牌。

同時……
更與隊友在四百米接力賽跑奪冠。
啟川的運動表現甚至延續到他的大學時期，
持續多次代表慶應義塾參加國內競賽。

一九一四年，四哥啟峰自慶應義塾大學部畢業。
四哥！

恭喜四哥！
畢業了。
阿川！
我要回臺灣了，弟弟就交給你了。
你可要好好讀書，把握大學的黃金時代。
反正還有阿琛陪你呀！
我知道了！
對呀！
四哥

你喔!?
我會聽話乖乖啦!!
呵呵!
弟弟啟琛小啟川兩歲。

慶應義塾
嘿！陳桑
【陳啟川】

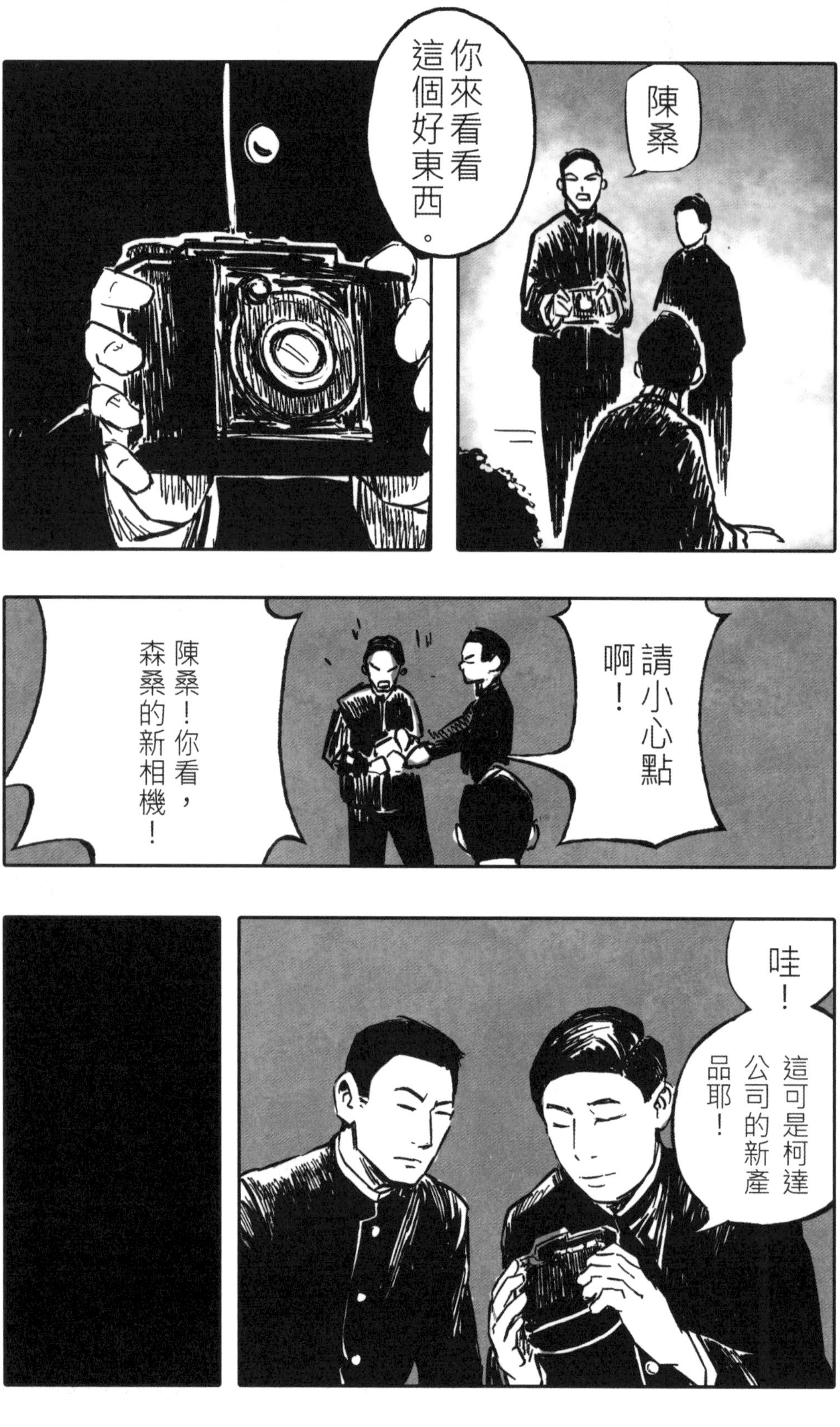
陳桑
你來看看這個好東西。
請小心點啊！
陳桑！你看，森桑的新相機！
哇！
這可是柯達公司的新產品耶！

啟川在學期間，喜歡上攝影，培養深厚的興趣，
並陸續參加許多比賽而獲獎。
後來更創辦了高雄市攝影學會。
下個月的攝影展，你們打算拍甚麼主題？想好了嗎？
我打算以家族為題材唷！
森桑是要試試新相機的效果吧？
那還用說！

我…應該不會參加了。
為什麼？
家裡來信，叫我結束學業，回去臺灣。
怎麼會…
拍！

昭和十八年（一九四三），陳啟川先生以作品〈收割〉入選臺灣總督府出版之《寫真年鑑（第一回）》。

一九二〇年，啟川奉母命返回臺灣。
你們看！前面是陸地了。
快到打狗(高雄)了吧！

雖然未能完成慶應大學部學業。
但慶應「獨立自尊」的校訓，已深深影響了啟川的性格。
日後啟川所展現的遠見和管理長才，乃至堅毅獨立的人生觀……
可說都受到慶應的深刻啟迪。

同年…
苓雅寮啟川迎娶旗後義福行潘國祥大千金潘繡汝。
隔年…
啟川申請進入香港大學就讀商學院，
延續未完成的大學學業。

啟川在港大體驗到不同於日本的教育與思潮。
對日後開闊的思想養成，影響深遠。

之後便學成返鄉。

陳宅

大廳

回來了、回來了！
啟川少爺回來了！
阿爸、阿母阿川仔回來了！
我回來了！

阿爸、阿母，我回來了。
回來就好！
行李放著，先去休息一下。
阿川
你回來就可以好好幫忙家裡的事業了。
新的會社就要成立了，你馬上就有機會大展長才。

是！
阿爸。
一九二二年，「陳中和物產株式會社成立」。
啟川擔任取締役（董事），襄助打理家族事業。

第二章　從政之途

一九二九年，林獻堂成立臺灣新民報社，自為社長，並聘請啟川擔任顧問。
臺灣新民報
【林獻堂】
【陳啟川】
陳桑
可以請您談一下話嗎？

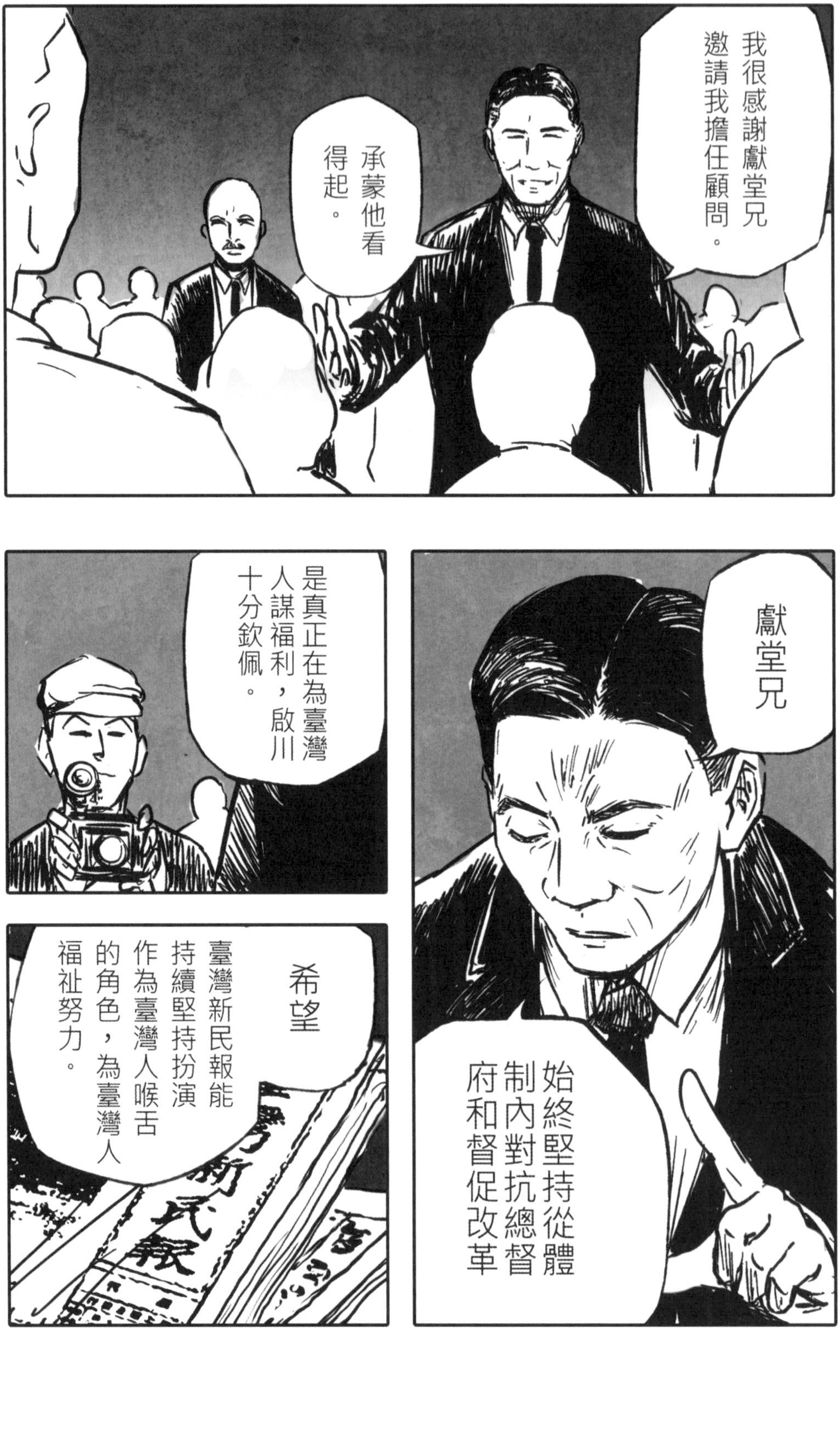
我很感謝獻堂兄邀請我擔任顧問。
承蒙他看得起。
獻堂兄
始終堅持從體制內對抗總督府和督促改革
是真正在為臺灣人謀福利，啟川十分欽佩。
希望
臺灣新民報能持續堅持扮演作為臺灣人喉舌的角色，為臺灣人福祉努力。

因為與臺灣新民報及林獻堂的關係，加深了陳啟川為臺灣謀福祉的想法。
進而
也啟迪了日後走上仕途的影響。

一九三〇年，臺灣民報社
與臺灣新民報社合併，報
紙也改名《臺灣新民報》
繼續發行。
週刊
臺灣民報

同年八月

陳中和因急性
腸炎逝世，享
年七十八歲。
家族事業便由
陳家兄弟們各
別執掌經營。

一九三二年，陳啟川獲任命為高雄州高雄市協議會議員。
高雄州報
昭和七年十二月廿五日
野口知事は第五期高雄州協議員を任命
号外
【陳啟川】
創下陳家啟貞、啟峰、啟川三兄弟，同時擔任三級議員（評議員、州議員、市議員）的紀錄，堪稱地方美談。

中國廈門
太古碼頭
終於到了！
感覺真棒！
這位小哥，
我是臺灣新
民報的蔡培
火。
臺灣新
民報
蔡先生您好。
我是公署派來
迎接各位的。

公署已備好了兩輛車來迎接各位。
請跟我來。

這邊請！
有勞小哥。

一九三五年六月，啟川與臺灣新民報社的同仁赴中國福建參訪。
第一站來到廈門拜訪，由國民政府的駐閩綏靖主任公署廈門辦事處接待。
……
啟川兄
年底第一次的議員選舉，高雄州方面，您一定要出馬。
擺擺手

之前接受任命，是聽長兄之命，怕拒絕了給家裡造成困擾。
既然現在民選了，當然是讓賢給其他有志之士。我實在無意仕途。
啟川兄
眼看我們努力多年的志業終於有所成了。
您一定要出來為臺灣服務啊！
我真的對從政沒有興趣啊！
況且…

培火兄，這種半調子的改革，真的稱得上成功嗎？
這……
議員名額只開放一半民選…
還只讓有錢人才能投票，您與獻堂兄豈會甘心？
唉…

罷了！
一九三五年，臺灣總督府發布地方制度改革……
廢除全官派協議會制度。
同年十二月舉辦第一屆市會及街庄協議會議員選舉。

啟川認為半調子的民主不是真的民主。
因此並未出馬競選。
仍舊專心於經營家族事業。
但是…

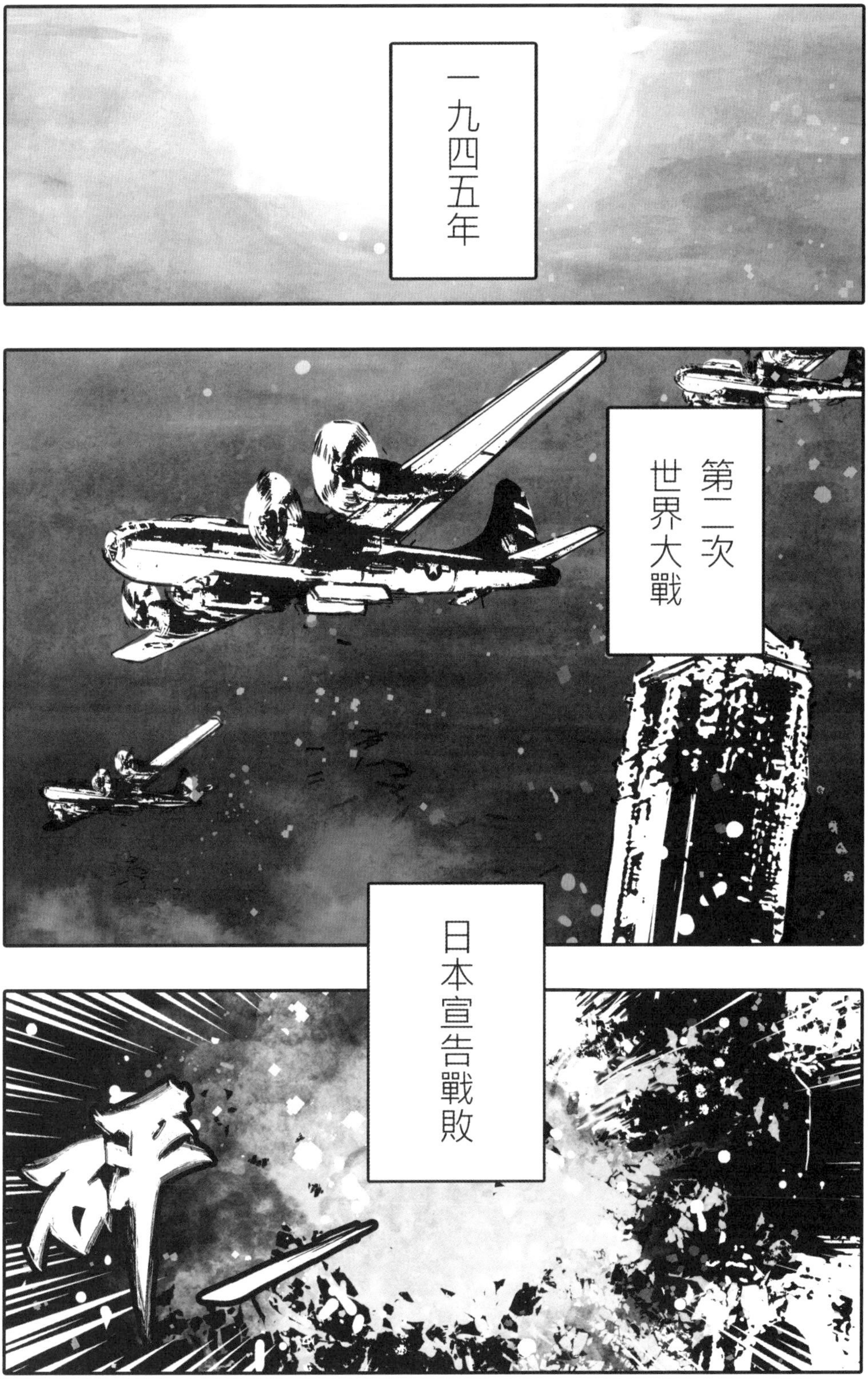
一九四五年
第二次世界大戰
日本宣告戰敗
砰

臺灣總督府

日本天皇宣布：惟フニ今後帝國ノ受クヘキ苦難ハ、固ヨリ尋常ニアラス
（今後帝國所受之苦固非尋常。）

陳家
爾臣民ノ衷情モ、朕善ク之ヲ知ル。（朕亦深知爾等臣民之衷情。）
然レトモ朕ハ時運ノ趨ク所、堪ヘ難キヲ堪ヘ忍ヒ難キヲ忍ヒ
（然時運之所趨，朕欲忍所難忍，耐所難耐）

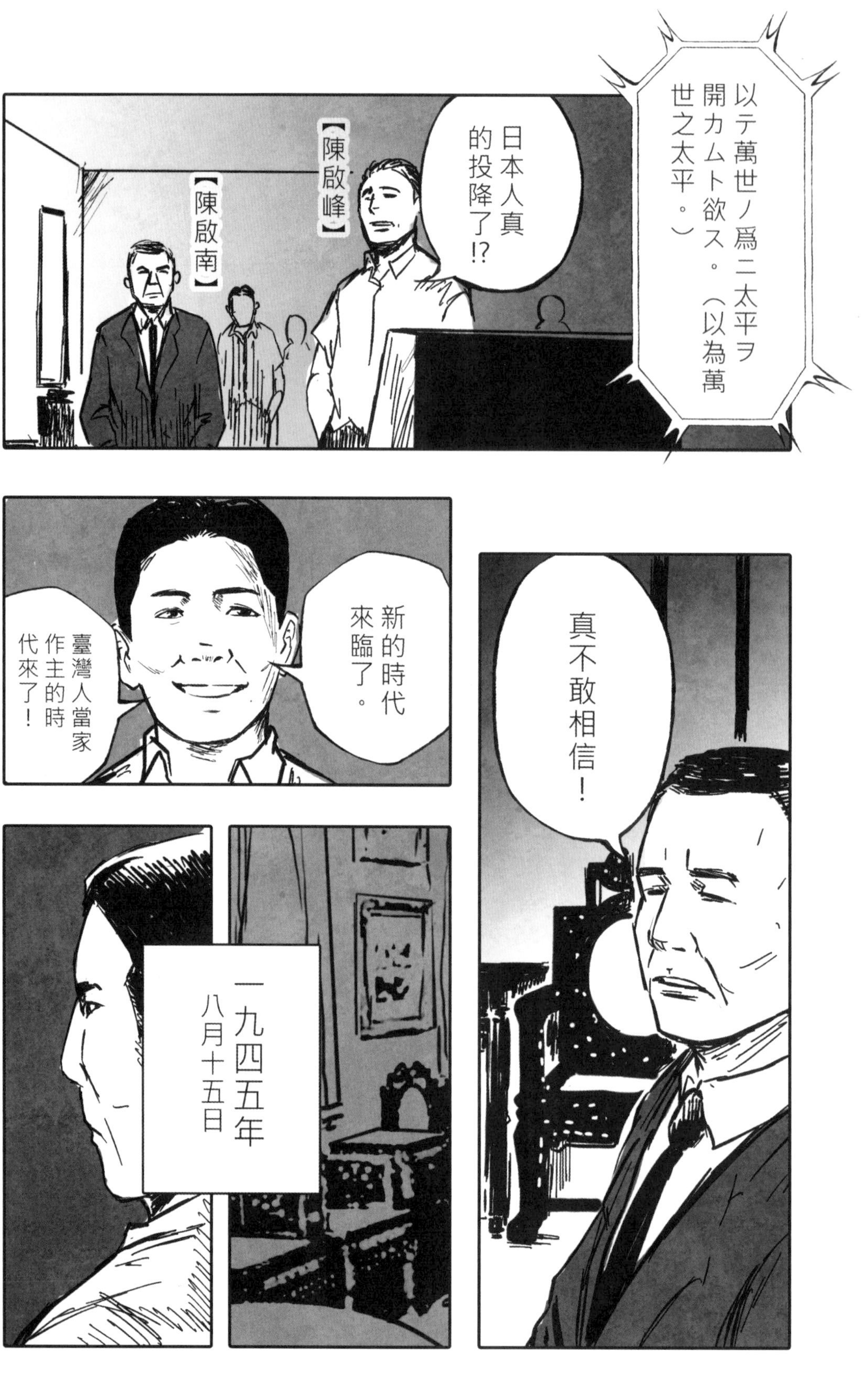

以テ萬世ノ爲ニ太平ヲ開カムト欲ス。（以為萬世之太平。）
日本人真的投降了!?
【陳啟峰】
【陳啟南】
真不敢相信！
新的時代來臨了。
臺灣人當家作主的時代來了！
一九四五年八月十五日

日本天皇宣布日本無條件投降。
臺北公會堂
一九四五年十月二十五日，臺灣地區受降典禮於臺北公會堂舉行。
【陳儀】

盟軍及中國戰區將領代表出席接受日軍投降。
日方由末任臺灣總督安藤利吉代表。
也正式結束了日本對臺灣長達半世紀的統治。
陳啟川與林獻堂、羅萬俥和杜聰明等人，以臺灣人民代表的身分，前往臺北公會堂參加受降典禮。
太好了！獻堂兄。
臺灣人終於可以當家作主了！
陳啟川衷心地認為，新的時代來臨了。

啟川受邀出席日本受降典禮（後排右三）

一九四九年，臺灣省政府公布研擬實施三七五減租政策，
為推行日後耕者有其田準備。

中央日報
推行三七五減租
今年全省決可完成
地主方面並無多大阻力
地政局沈局長肯定表示
社長！

就這樣辦理吧！
先找律師擬好合約。
這…
社長…這有三百多甲地耶！
照我的意思去辦。
是…

啟川為表支持省府政策，在條例通過前，就率先將名下三百多甲土地，以優惠地租條件，
邀集所有佃農完成換約。
啟川並呼籲全臺地主響應支持三七五減租政策，因而名噪一時。
同年

黃埔軍校
一九四九年（民國三十八年）十二月
國民政府決議遷臺。

同年，
基隆港碼頭，軍艦靠岸，大批軍人與百姓上岸，
從此開啟了國民政府遷臺統治時期。
也影響了臺灣未來超過半個世紀的發展。

淡水高爾夫球場

這球漂亮！
何應欽
國民政府遷臺後，需要臺灣各界支持，加上才剛發生過二二八事件不久…
因此中央政府更積極與各地具有影響力的人士建立關係。

國府要員中即不乏與啟川關係交好者。如同樣具有留日背景的何應欽與張群等人。
想不到啟川兄球技如此驚人啊！
不敢。
何將軍不知道啊！
啟川兄可是這座球場的無差點紀錄保持人！
厲害
還曾在這裡拿過錦標賽冠軍唷！
真是厲害呀！
過去的事，不值一提。

關於這次高雄市長初選…

何應欽
我可是看好啟川兄您啊！
多謝何將軍，不過…

啟川幾經深思，已決定退出黨內初選。
這是為何啊？
這次初選，
謝掙強先生與我各有支持者。我認為如今島內情勢仍十分緊張，
黨內還是維持團結形象比較好。
莫為了市長初選破壞了黨內和諧。
啟川兄胸襟如此宏大！
不不！
我無意仕途，
希望能專注在經營家業上。

一九五〇年八月至一九五一年七月，國府舉辦戰後首次民選縣市長選舉。
啟川有感於強力派系運作的競選活動不符其理念……
因此於黨內初選投票當天宣布退選。由澎湖籍謝掙強取得國民黨提名。
一九六〇年初

陳家
阿仁兄
我真的是沒有意願啊！您們不用再勸我了。
陳桑
您若不出來選，高雄人都要寒心了啦！
是啊！您看從以前省參議員到這三屆市長，您都禮讓別人……
結果就是選出那些屏東派的、澎湖派的或臺南派的來。

是啊，我們市長選了三次，還選不出一個真正本地高雄人來當市長。
說起來真是慚愧！
就是說啊！
阿義兄啊！
我並非禮讓，我真的沒有意思從政啊！
陳桑
您就為了我們高雄人出馬一次吧！
兩位大哥，我都六十歲了，
家裡事業都陸續交給兒子們去管理。
現在的我除了陪伴老母親，其他時間打打球或玩玩攝影，日子過得悠閒自在。
何必自討苦吃去從政呢？

高雄地方上許多人士都希望啟川出馬競選第四屆高雄市長。
唉
但無論各界如何遊說，啟川總是予以婉拒。

國民黨大老張群透過黨內管道向總裁蔣中正傳達，希望啟川出馬競選市長的願望。
蔣中正為此，派代表遊說啟川。
啟川思考過後，乃決定回信表明因要照顧年邁母親，故無法勝任市長之職。

收到信後的蔣中正，不但親自回信，更南下召見啟川。
之後…
西子灣
西子灣行館

陳先生
總裁可以見您了!
點頭

那個…
請你出來競選市長…

與其說為了黨的利益，不如說是為了市民的公益和福祉。

蔣中正更要陳啟川移孝作忠，以國家及市民利益為重，
將照顧母親的心，用於照顧市民。

受蔣中正一番話所感動，陳啟川決定接受國民黨徵召，投入第四屆高雄市長選舉。
一九五〇年，在高雄鄉親的熱烈支持下，陳啟川以94%的高得票率，當選第四屆高雄市長。
臺灣省各縣市縣市長選舉選舉監督
給與當選證書事依臺灣省各縣市公職人員
選舉罷免規程規定選舉結果
陳啟川先生當選為高雄市第四屆市長合
依同規程第四十條之規定給與當選證書
右給與
陳啟川先生
中華民國
月十四日
選舉監督
連震東

四年後，
在高雄市民的殷盼期許下，
朝野一致推薦陳啟川競選連任。
於是．．．

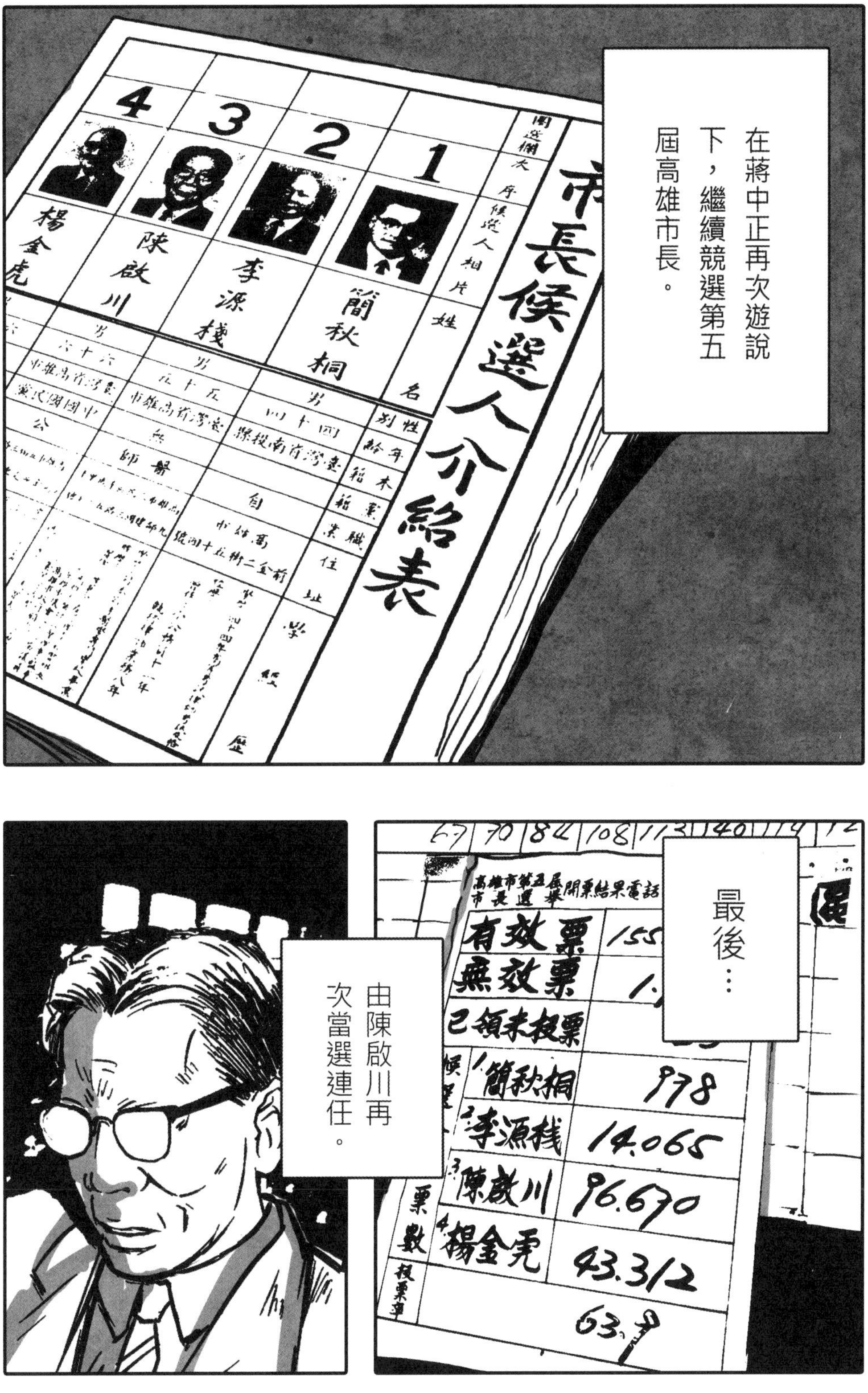
在蔣中正再次遊說下，繼續競選第五屆高雄市長。
市長候選人介紹表
1 簡秋桐
2 李源棧
3 陳啟川
4 楊金虎
最後…
高雄市第五屆市長選舉開票結果電話
有效票
無效票
已領未投票
簡秋桐 978
李源棧 14.065
陳啟川 96.670
楊金虎 43.312
票數
由陳啟川再次當選連任。

高雄市議會
我要請問市長，
市府大廈的水泥走道損壞了，一樣用水泥修補就好了。
為什麼要編列五十萬做磨石子地面？
市長您是阿舍當久了，把花公帑當成花自己賺的錢修房子嗎？
議員
您們議會和市政府一樣都代表高雄市。

市議會裝潢花了一千八百多萬，
市政府只花了五十萬改建走道地面，就被你說成阿舍？
市長您…
市府大廈年久失修，走道地面破損，市政府同仁和洽公的市民經常不小心就跌倒受傷。
為了保護市府同仁和市民朋友，我認為改成磨石子地面，是必須做的！
………

啟川在市政建設上，只要認為是對的，就會堅持去做。
不怕人閒言閒語，也絕不對議會唯唯諾諾，而必據理力爭。

市政府

高雄市政府

歡迎、歡迎。
張群兄
張群兄請坐。
從你當市長以來，我這還是頭一回來叨擾！

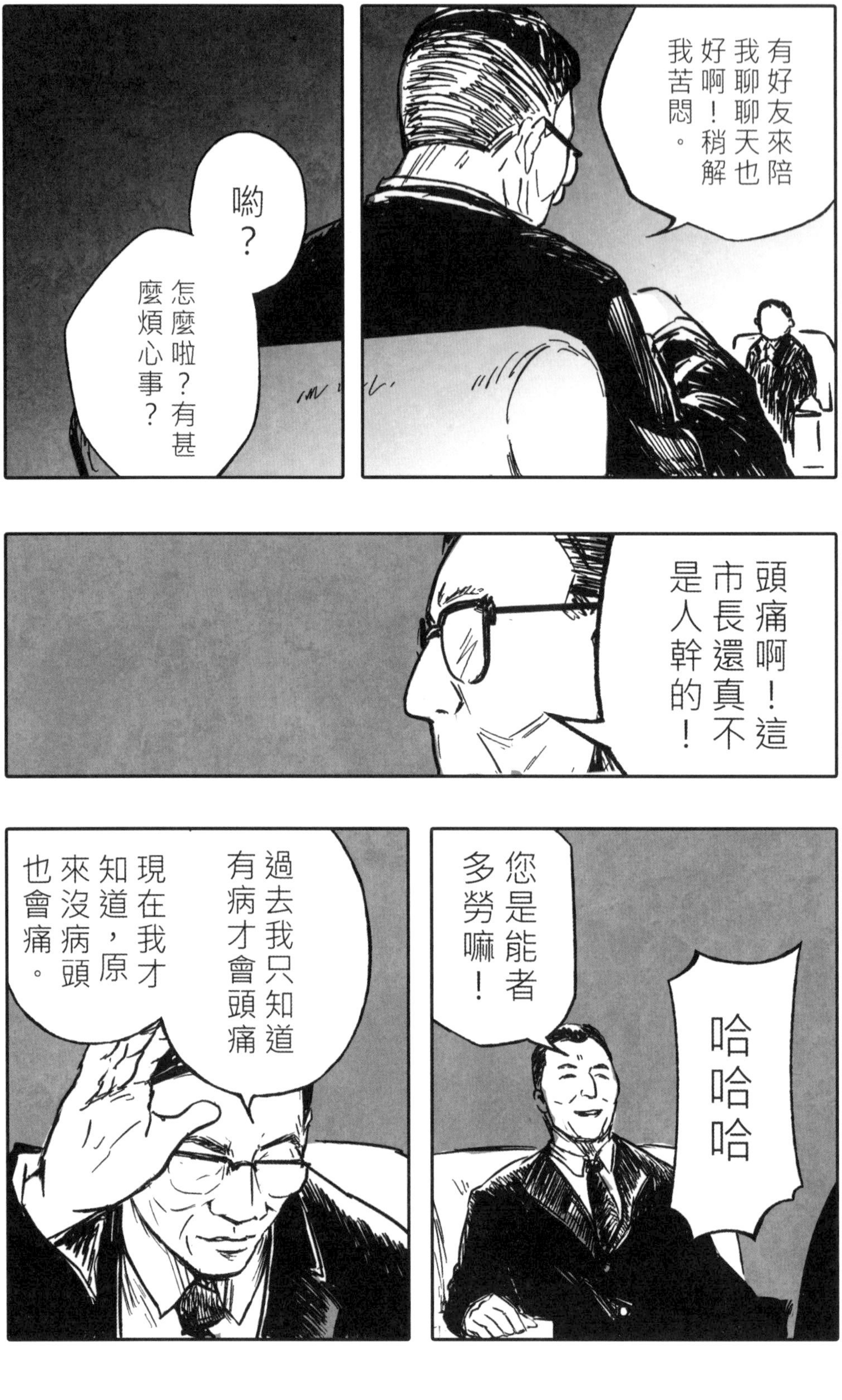
有好友來陪我聊聊天也好啊！稍解我苦悶。
喲？
怎麼啦？有甚麼煩心事？
頭痛啊！這市長還真不是人幹的！
您是能者多勞嘛！
哈哈哈
過去我只知道有病才會頭痛
現在我才知道，原來沒病頭也會痛。

……我
哈哈哈
瞧你說的！
啟川以過去在商場經營的積極度、決斷力及魄力……
放手市政規劃與治理。執行上信賴下屬、分層負責。
決策上大刀闊斧、親力親為。

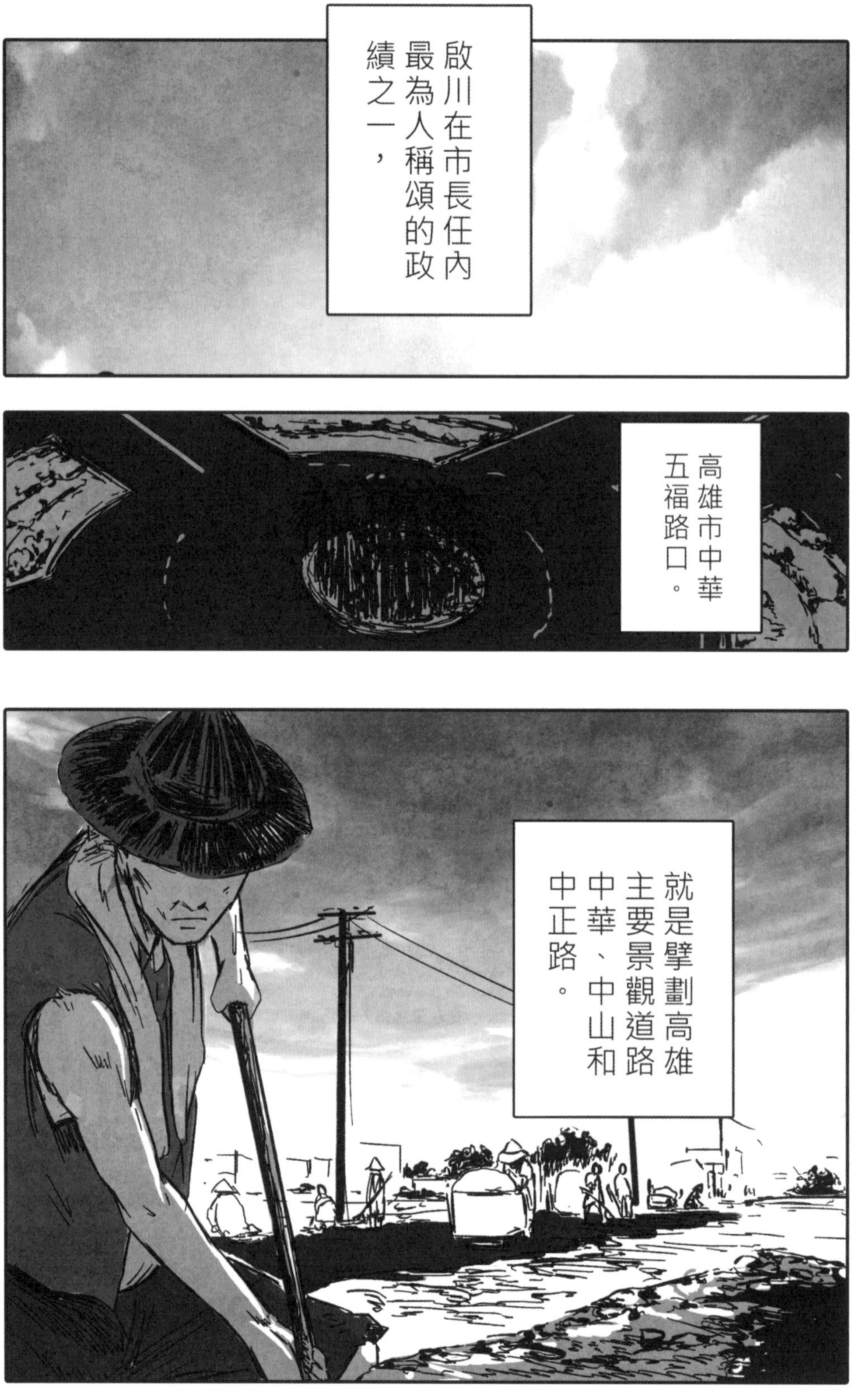
啟川在市長任內最為人稱頌的政績之一，
高雄市中華五福路口。
就是擘劃高雄主要景觀道路中華、中山和中正路。

以及對四維、五福、六合、七賢、八德、九如、十全等東西向主要道路的拓寬。
大大提升了高雄市南來北往，以及東西向間的便利性。
此外更使市區幅員擴大，提升工商機能。

奠定了高雄市
今日繁榮的基礎。

陳啟川改變了市容，
卻面臨拆家的命運。

陳啟川
仁義街住家

阿母！您是在生氣什麼？
哼！
光子，妳阿嬤是在生氣什麼？
阿嬤剛剛要從對面家裡過馬路到這邊來⋯⋯
被突然開過來的車子嚇到。
啥？
阿母您有沒有怎麼樣？

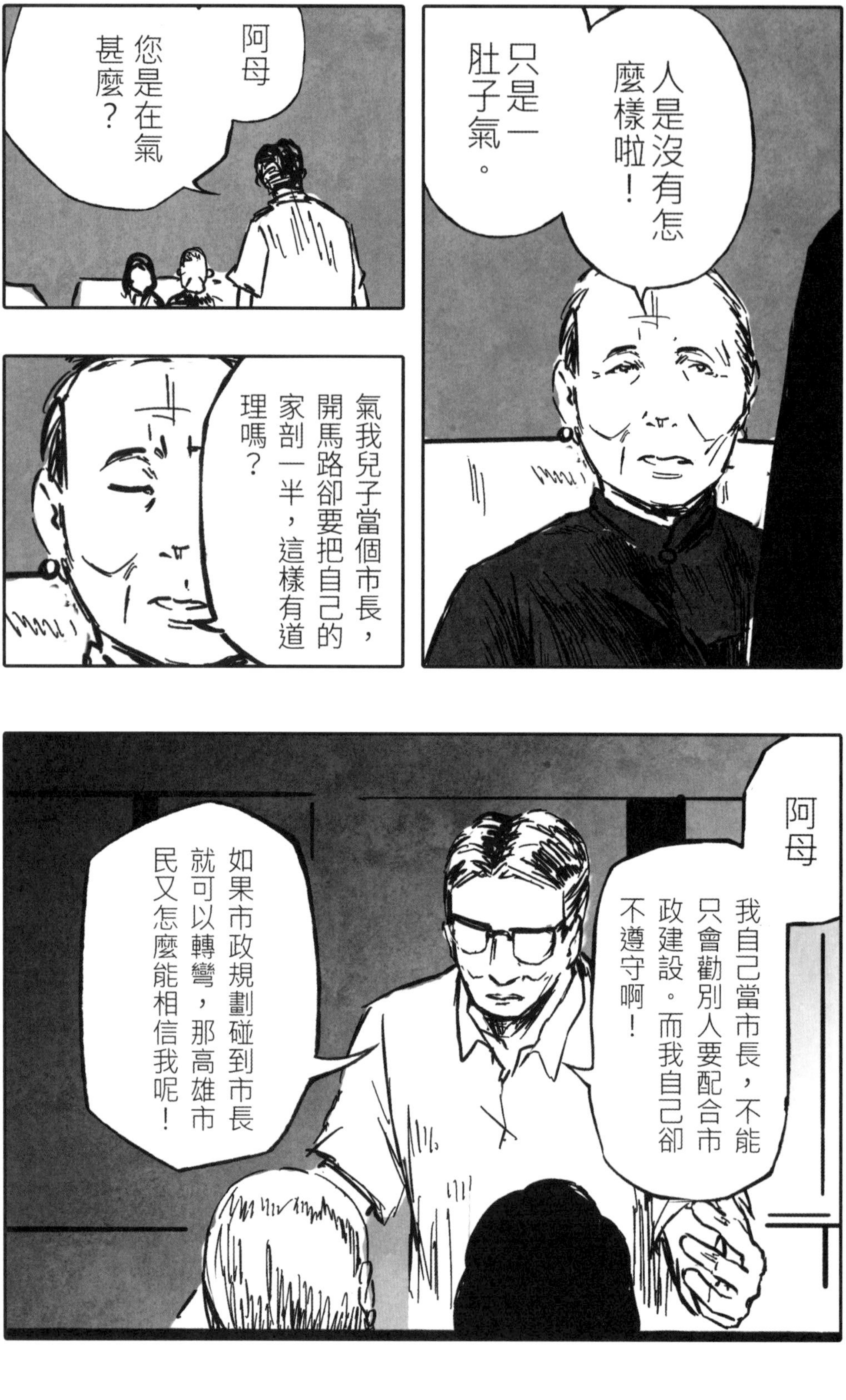
人是沒有怎麼樣啦！
只是一肚子氣。
阿母
您是在氣甚麼？
氣我兒子當個市長，開馬路卻要把自己的家剖一半，這樣有道理嗎？
阿母
我自己當市長，不能只會勸別人要配合市政建設。而我自己卻不遵守啊！
如果市政規劃碰到市長就可以轉彎，那高雄市民又怎麼能相信我呢！

阿嬤，阿爸也是為了我們好。
呵呵！
唉
我說你這個傻兒子啊！好好的社長不做，偏偏跑去做市長。世界上還有比你更笨的嗎？
同時
啟川相信只有自己恪守清廉和公正，市民才願意信賴他的施政。
市長

八年市長任內，他不曾把薪俸帶回家，
反而將薪俸及公家配給的物資，分給家庭狀況較差的市府同仁。

更常自掏腰包，支付一些不易報銷的公帳。
因此成了議員與市民口中的「了錢（賠本）市長」。

一九六三年

陳啟川市長出席在檀香山舉行的全美市長會議，會中並與甘迺迪總統相見歡。

陳市長致力拓展城市外交，大大提升了高雄的國際地位。

陳啟川市長八年任內，
推動市政建設、發展學校教育及
辦理都市計畫及美化市容，

無人能出其右。

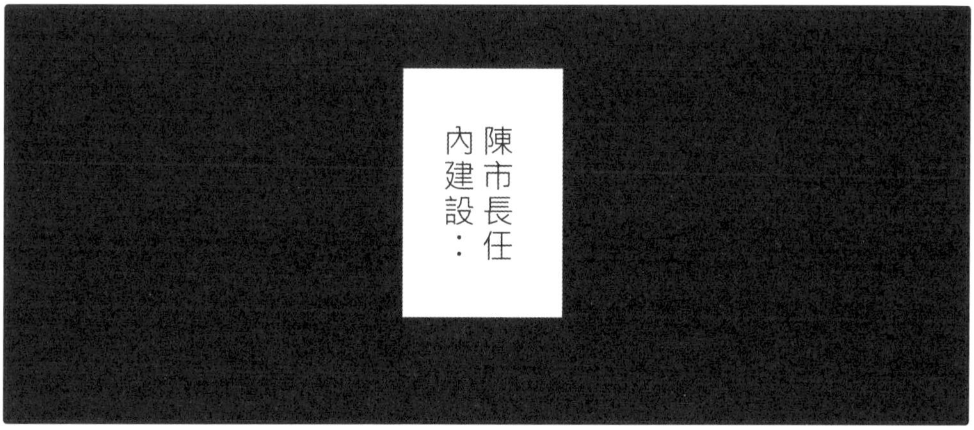
陳市長任內建設：

整頓鹽埕區大水溝違章建築、新建市場，以繁榮地方。

興建臺灣第一座巨蛋綜合體育場及看台。
以及，
整建前金運河。

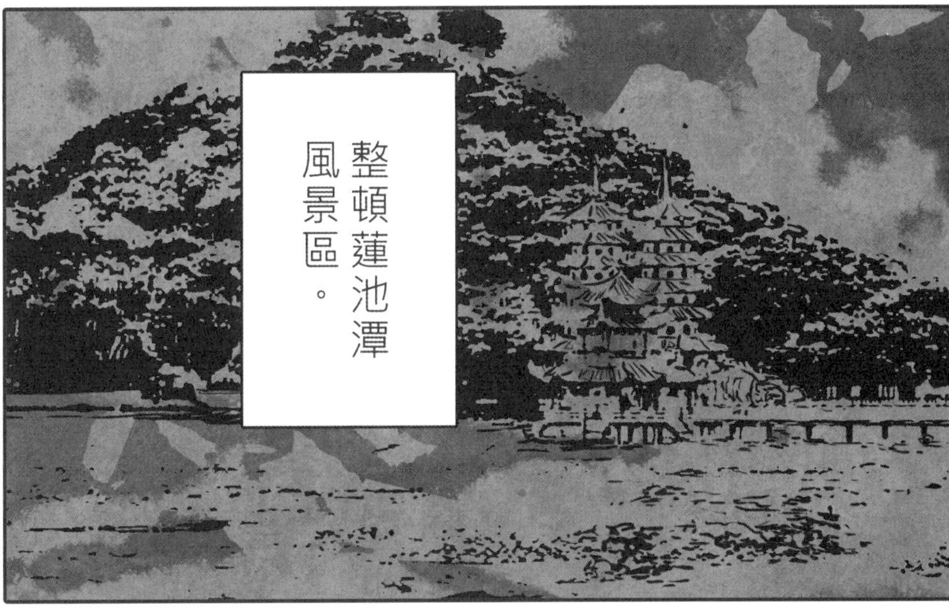
整頓蓮池潭
風景區。

擴建自來水工
程，實施全日
供水。

土地重劃，
成績卓著。

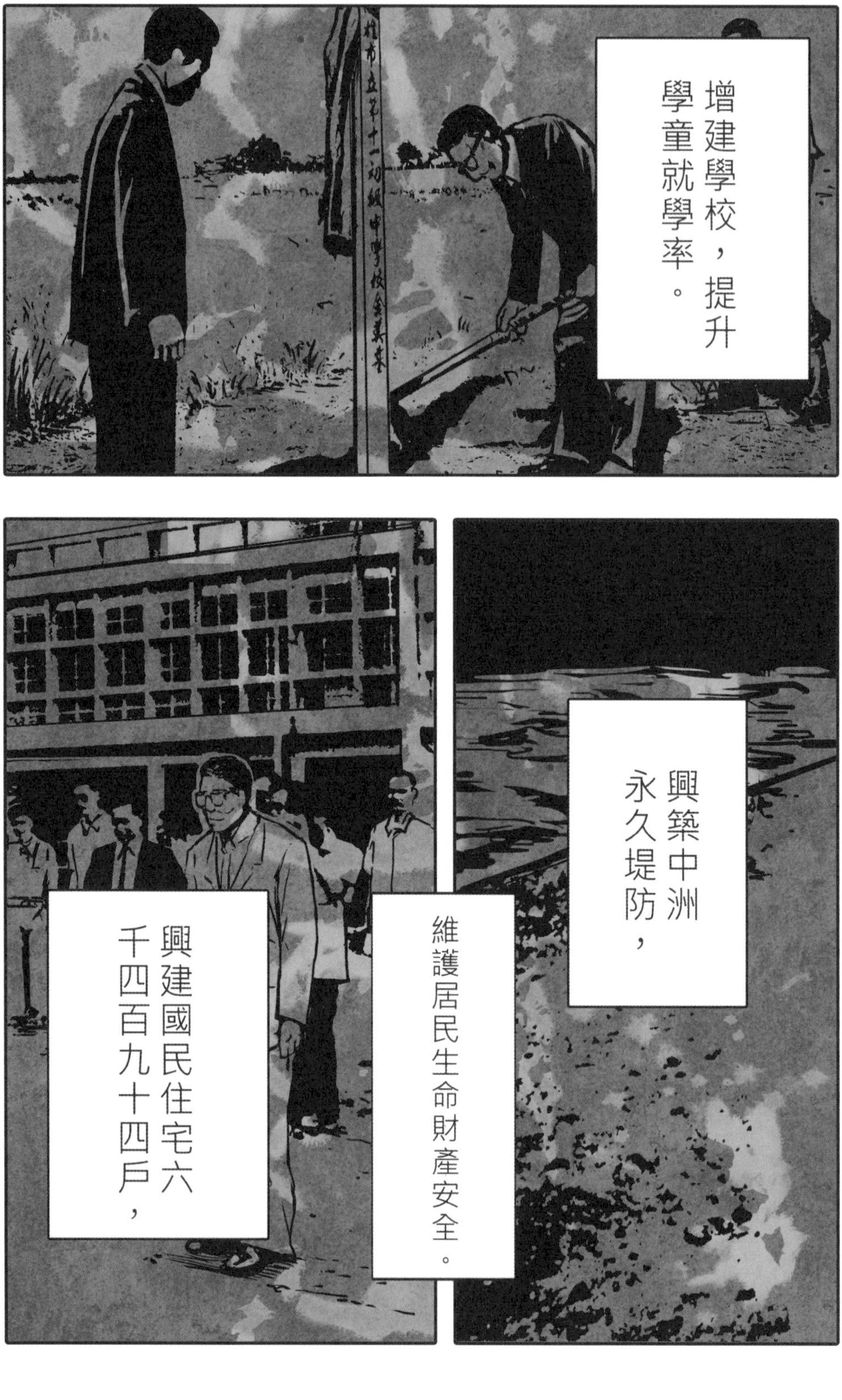
增建學校，提升學童就學率。
興築中洲永久堤防，
維護居民生命財產安全。
興建國民住宅六千四百九十四戶，

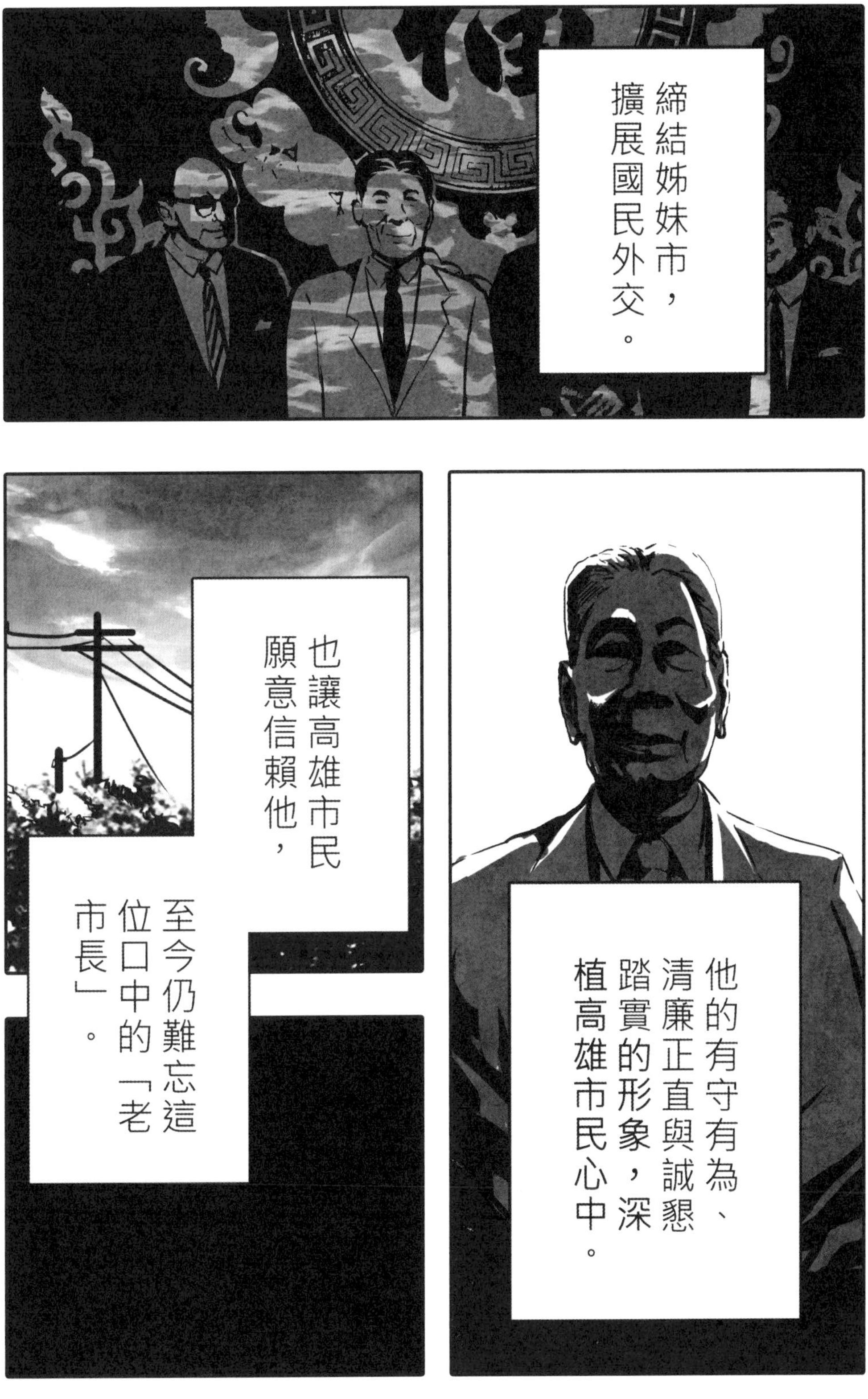
締結姊妹市，擴展國民外交。
他的有守有為、清廉正直與誠懇踏實的形象，深植高雄市民心中。
也讓高雄市民願意信賴他，
至今仍難忘這位口中的「老市長」。

而他獨特的領導作風
與開明的處事態度，
至今仍令當時與他共
事的人念念不忘。

第三章 興學育才

高醫
（高雄醫學院）
綜觀陳啟川波瀾壯闊的一生，其最令人稱頌的事蹟，除了擔任高雄市長的貢獻之外，
另一件事就是⋯

創辦了全臺第一所私立醫學院，
對南部醫療的提升帶來深遠的影響。

這也是陳啟川自年少時，就埋藏在心中對臺灣教育事業的熱情與理想。

這股理想，更早於他擔任市長之前就已經開始。

而……

這段故事得從臺灣第一位醫學博士杜聰明院長說起……

一九五三年
臺大醫學院
【陳江山】
【杜聰明】
【何禮棟】

各位!!
怎麼樣?
搖頭
唉

唉
市政府說這塊地不能撥給我們用。
我看看!!
這⋯
不管是教育部還是臺北市政府，都沒辦法讓我們徵用到創校土地。

想不到…
校地這麼難找！
對了！
杜院長
你有沒有想過離開臺北去找地呢？
喔？
是啊！
傍興兄是高雄州人吧？
杜院長可以考慮高雄看看。
只是…

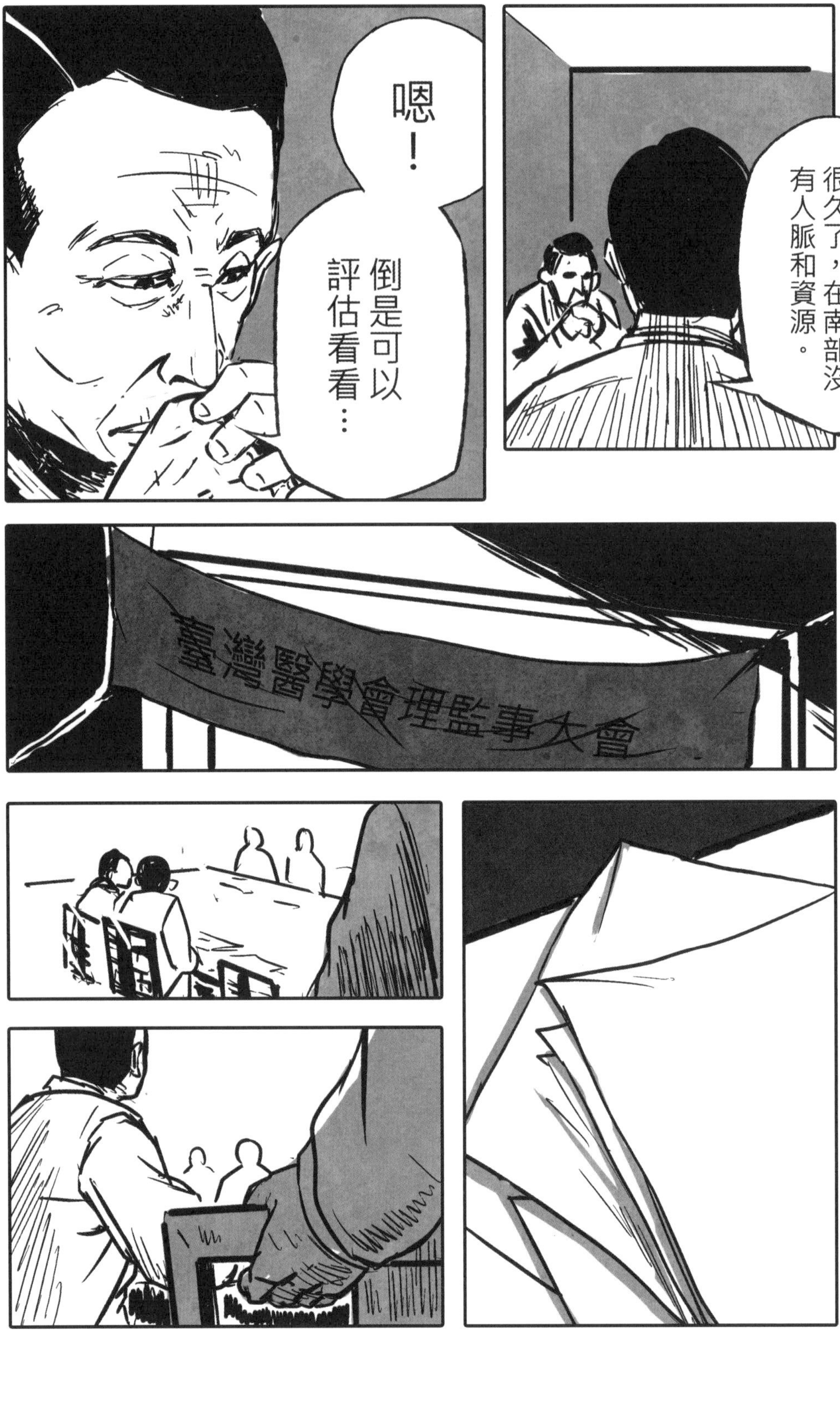
我離鄉來臺北開業很久了，在南部沒有人脈和資源。
嗯！
倒是可以評估看看⋯
臺灣醫學會理監事大會

徐院長
剛才會議中提到……
您計畫要回高雄去設立醫學院，平衡臺灣南北醫療資源，我覺得您的想法很有遠見。
杜院長
【徐傍興】
謝謝杜院長。
不知…杜院長的瀛洲醫學院籌備的如何呢？
不瞞您說，還找不到校地啊！

杜院長有沒有考慮過南下高雄呢？
陳江山醫師曾經提過。無奈我們對南部不瞭解，不知從哪裡著手。
如果杜院長有意願，小弟倒是覺得我們的理想可以結合為一呢！
喔!?
徐院長有甚麼建議？
高雄市議會答應幫我尋找適合的公有地，如果您願意來高雄設立⋯
我們就一起去拜訪孫議長和其他地方人士。

如果在高雄創立醫學院可行…
那麼我願意與徐院長合作。
哈哈哈！
太好了！
杜院長願意來，將來這醫學院院長當然由您擔當。
小弟願意幫忙在地方上為您樂捐一百五十萬建校基金。
那太好了！
下個月一號我會南下出席一場會議，不如就利用這個機會在高雄當地拜會一番。
到時候如果我沒有空，也會請高雄醫院的翁院長陪同你們前往市議會。

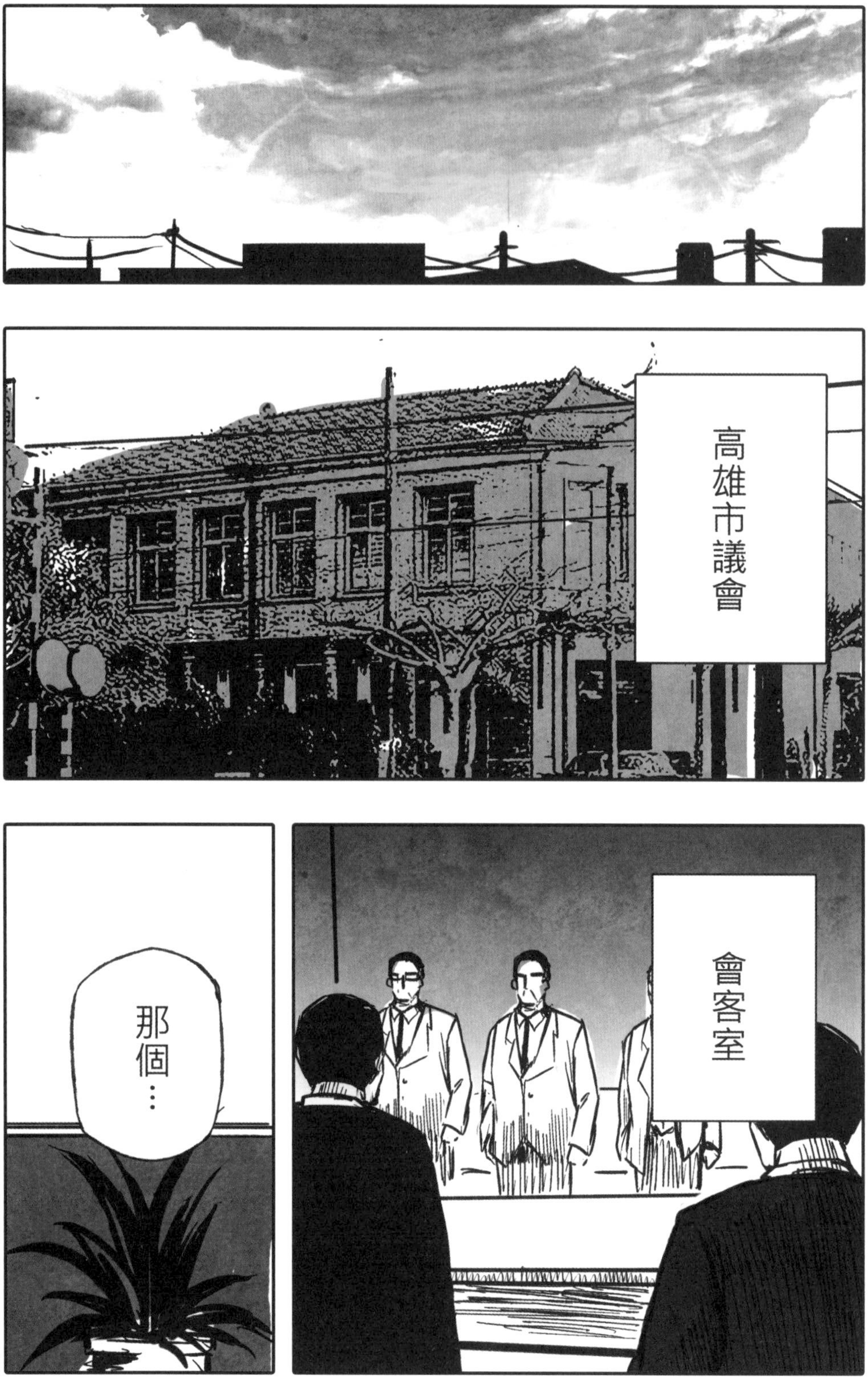
高雄市議會
會客室
那個…

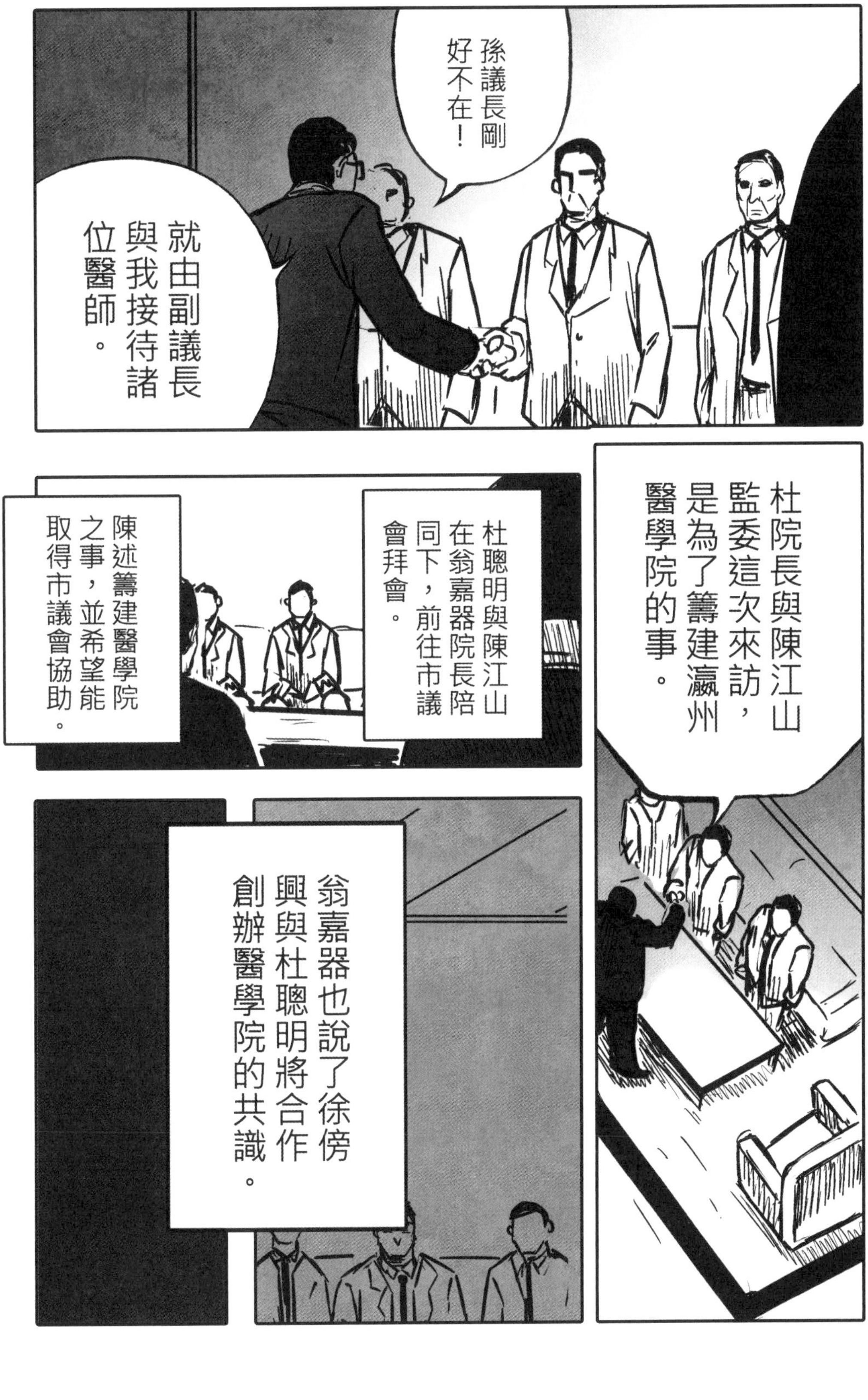
孫議長剛好不在！
就由副議長與我接待諸位醫師。
杜院長與陳江山監委這次來訪，是為了籌建瀛州醫學院的事。
杜聰明與陳江山在翁嘉器院長陪同下，前往市議會拜會。
陳述籌建醫學院之事，並希望能取得市議會協助。
翁嘉器也說了徐傍興與杜聰明將合作創辦醫學院的共識。

之前議長指示辦理後，我們目前確實有找到一塊地可以提供。
【主任秘書。蔡景軾】
我們在林德官有一塊十甲的市府土地，預計變更為學校用地，其中一半要提供做為未來高雄女師的校地，另外一半還沒有規劃。
如果…
剩下這五甲地，如果杜院長覺得可以，我們這邊就來協助推動一下。
五甲地太夠了！我們在臺北連一、兩甲地都找不到。
蔡景軾立即帶領杜聰明與陳江山，前去視察該處土地。

當天下午勘查過土地後，杜聰明與陳江山搭乘吉普車，在蔡景軾陪同下要返回市議會。
那是！
那棟樓房還真氣派！
那是誰的房子呢？
那是陳啟川先生家。
喔？
是啟川兄的家！

喔？
是啟川兄的家！
我與啟川兄也是多年老友。
許久沒見了，既然路過，應該去拜訪他一下。

眾人臨時起意，前往啟川家拜訪。
你們!?
哈哈!!
啟川兄！
杜院長大駕光臨，快請進來。

陳家
啟川正在客廳接待立法委員何景寮，見杜聰明等人到來，仍熱情招呼。

杜院長我們好久沒見了吧！
是啊！好多年沒見面了。
今天是什麼風把你給吹來了？
我是來拜訪高雄市政府和議會
看能不能請市府撥一塊地給我們辦學校。

剛剛蔡主秘帶我們去看那塊地，回程看見這房子這麼氣派，一問之下得知竟是啟川兄貴府
就不請自來拜訪啦！
哈哈哈
啟川聽杜聰明說要辦學校之事，便細細問了。
而杜聰明也將欲籌設瀛州醫學院的過程大致說了。
這樣的話…
我家在建國路邊那附近有塊三甲多的地，杜院長可去看看，如果中意，不妨拿去用！
啟川兄真是豪爽！

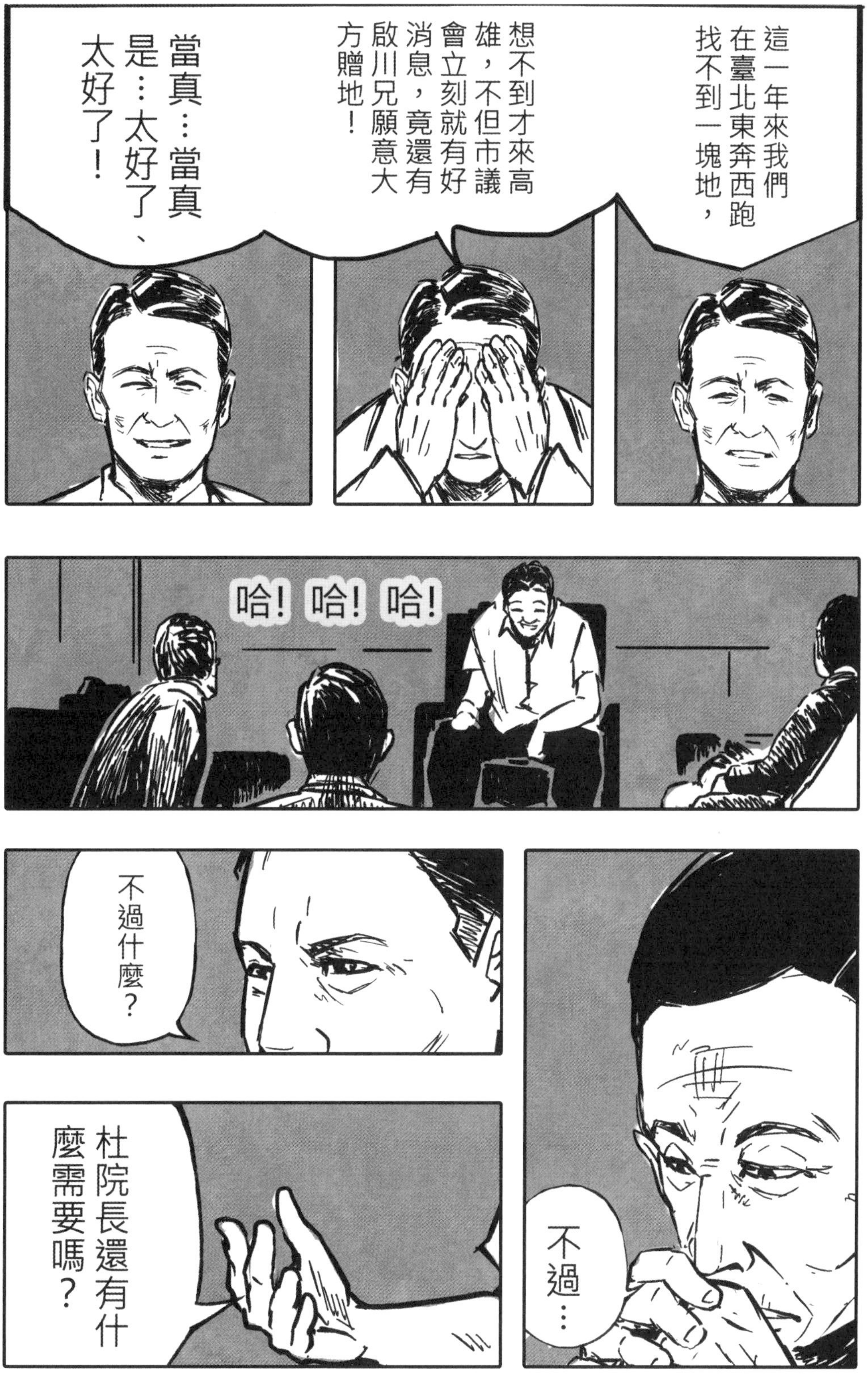
這一年來我們在臺北東奔西跑找不到一塊地，
想不到才來高雄，不但市議會立刻就有好消息，竟還有啟川兄願意大方贈地！
當真…當真是…太好了、太好了！
哈！哈！哈！
不過…
不過什麼？
杜院長還有什麼需要嗎？

只是……
假如要辦所像樣的大學，這二甲地恐怕……嫌小了點。
哈哈！原來如此
嗯……
這樣吧！

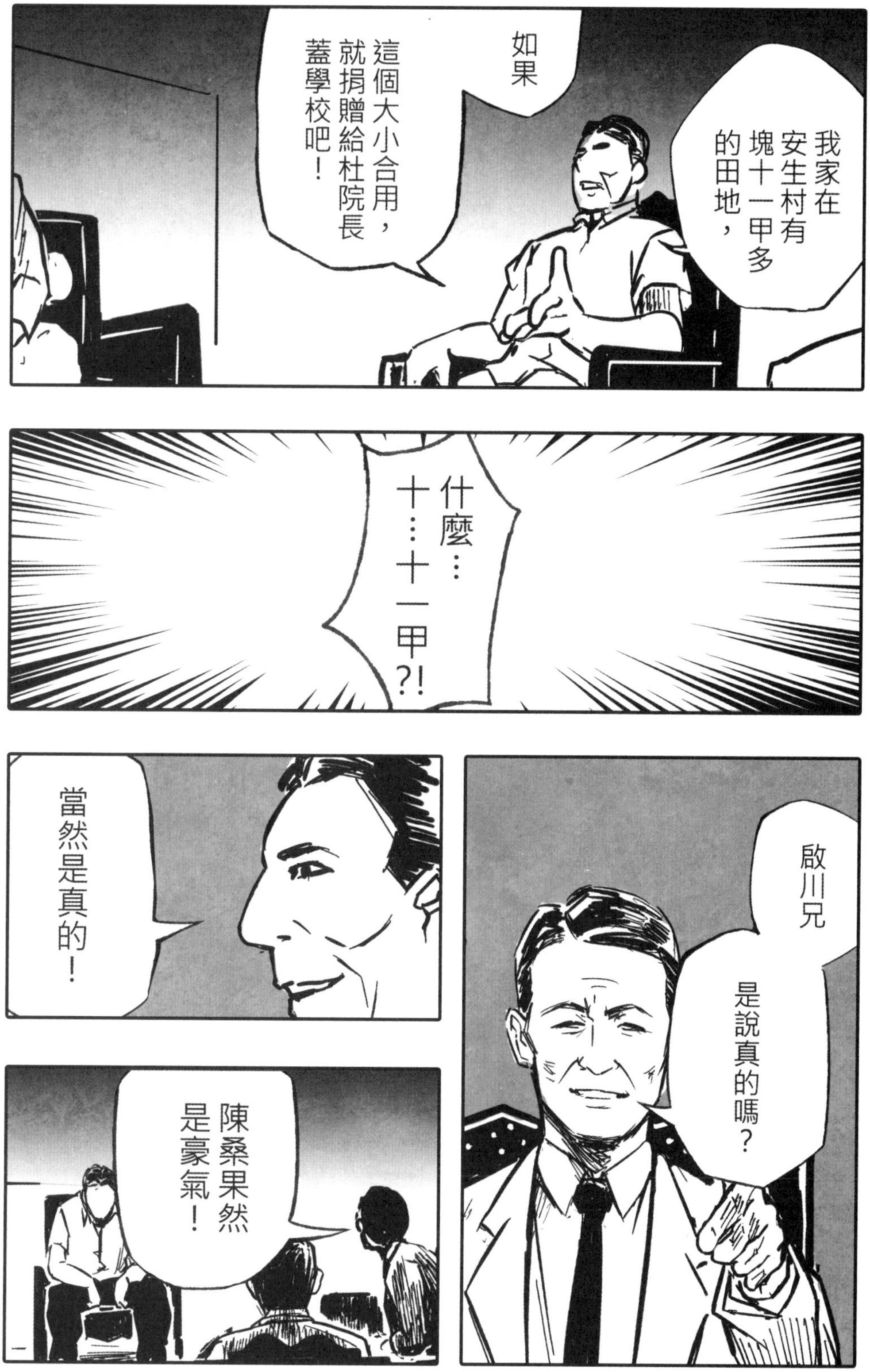
我家在安生村有塊十一甲多的田地，
如果
這個大小合用，就捐贈給杜院長蓋學校吧！
什麼…十…十一甲?!
啟川兄
是說真的嗎？
當然是真的！
陳桑果然是豪氣！

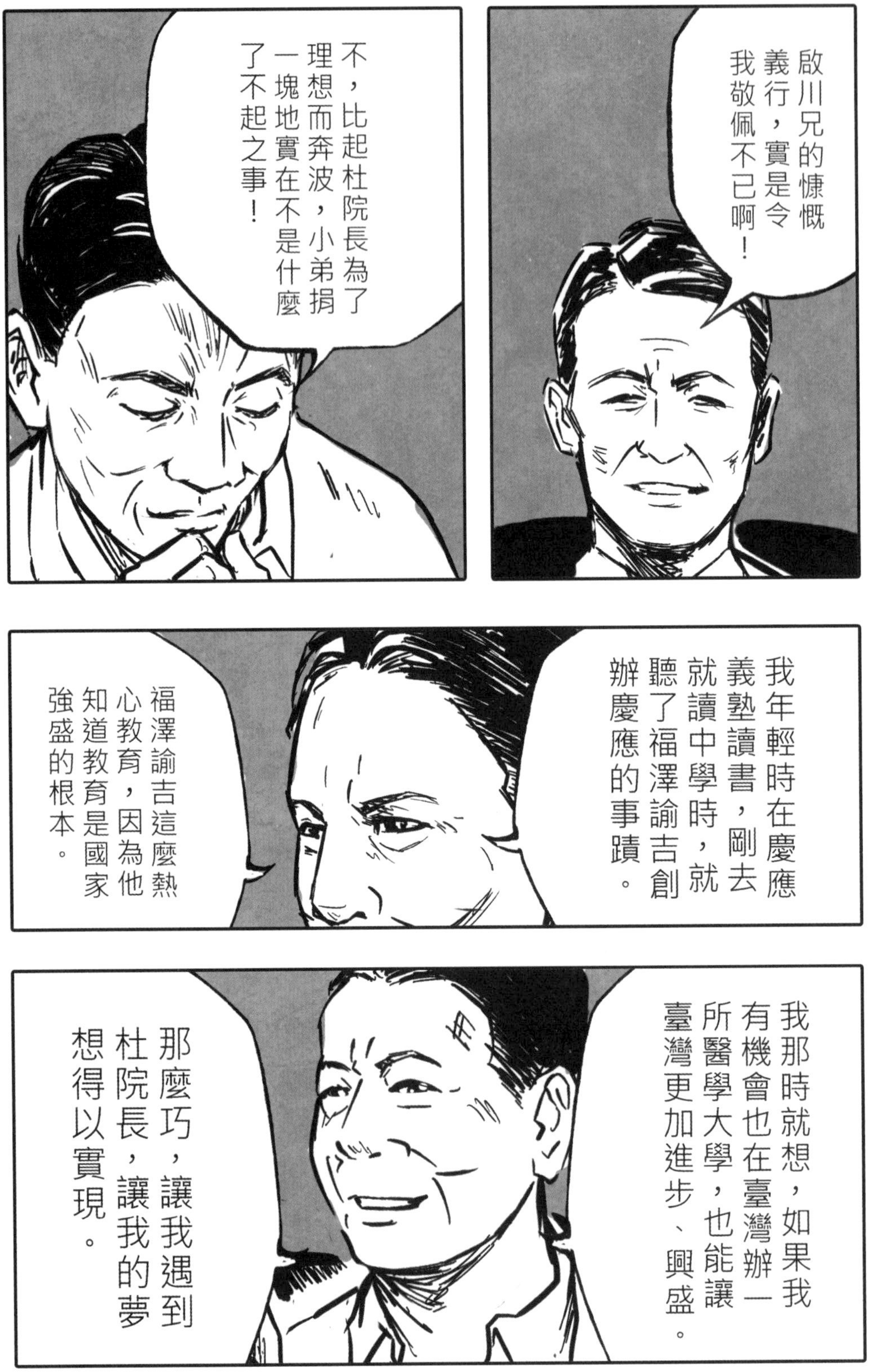
啟川兄的慷慨義行，實是令我敬佩不已啊！
不，比起杜院長為了理想而奔波，小弟捐一塊地實在不是什麼了不起之事！
我年輕時在慶應義塾讀書，剛去就讀中學時，就聽了福澤諭吉創辦慶應的事蹟。
福澤諭吉這麼熱心教育，因為他知道教育是國家強盛的根本。
我那時就想，如果我有機會也在臺灣辦一所醫學大學，也能讓臺灣更加進步、興盛。
那麼巧，讓我遇到杜院長，讓我的夢想得以實現。

陳啟川二話不說主動提出捐地辦學，
他的豪爽與熱心讓杜聰明等人，
既驚訝又佩服。

安生村

隔天在啟川的親自接待下，杜聰明才得以仔細察看這片廣大的土地及附近環境。
啟川兄真是了不起啊！
這麼好的一塊地，啟川兄當真說捐就捐？
杜院長要做的事是對臺灣好的，更是可以為我們南部鄉親謀福利。
啟川只是盡一點棉薄之力，就能對地方做出貢獻。
哈哈哈！

啟川兄
果然豪氣！
杜聰明認為這個地點離高雄車站與縱貫公路都近，
由臺南與屏東來此都很方便，實是最理想的設校地點。
當下便決定在這個地點創建醫學院。

數日後，杜聰明在高雄市議會面對市府官員與市議員們演講，
力陳臺灣需要一所私立醫學院的理由。
他並說，雖然始終在臺北尋覓不到校地而受阻，
幸喜有陳啟川、徐傍興、翁嘉器等南部友人
及高雄市長、正副議長等人大力支持，此刻讓他的夢想得以在高雄實現。

為感謝高雄地方的支持，
因此將新學校名稱訂為
「高雄醫學院」。

眾人共推陳啟川為第一任董事長，杜聰明則為首任院長。

一九五四年九月
私立高雄醫學院
招生考試報名處
就在連校舍都還沒有的情形下，教育部就核准高雄醫學院先行招生。

校方借用鄰近的愛國國小進行招生報名
短短兩天的報名時間，共有八百二十八人前來報名招生考試。
最後正式錄取了六十一名新生。
該年十月，學校正式開學，繼續商借愛國國小教室上課。

而後…
高雄醫學院就在這許多貴人的幫助以及克難的草創期中，逐漸發展、茁壯，成為南臺灣首屈一指的醫學暨教學中心。

往後在高雄醫學院的漫長發展
過程中，身為董事長的啟川，
也責無旁貸的出錢、出力…

甚至遊說企業捐助，如唐榮捐助
建築鋼鐵…等。

創業維艱…

當時高醫初創時期的開辦費早已用完，
後來甚至發不出薪水，還是由啟川先生
四處籌措方解燃眉之急…
高雄醫學院附設中和紀念醫院

日後高醫經費困難時，
皆由啟川先生
設法處理…
所以高雄醫學院的茁
壯與發展，可說與啟
川先生密不可分。

一九九三年
五月十一日
清晨五點

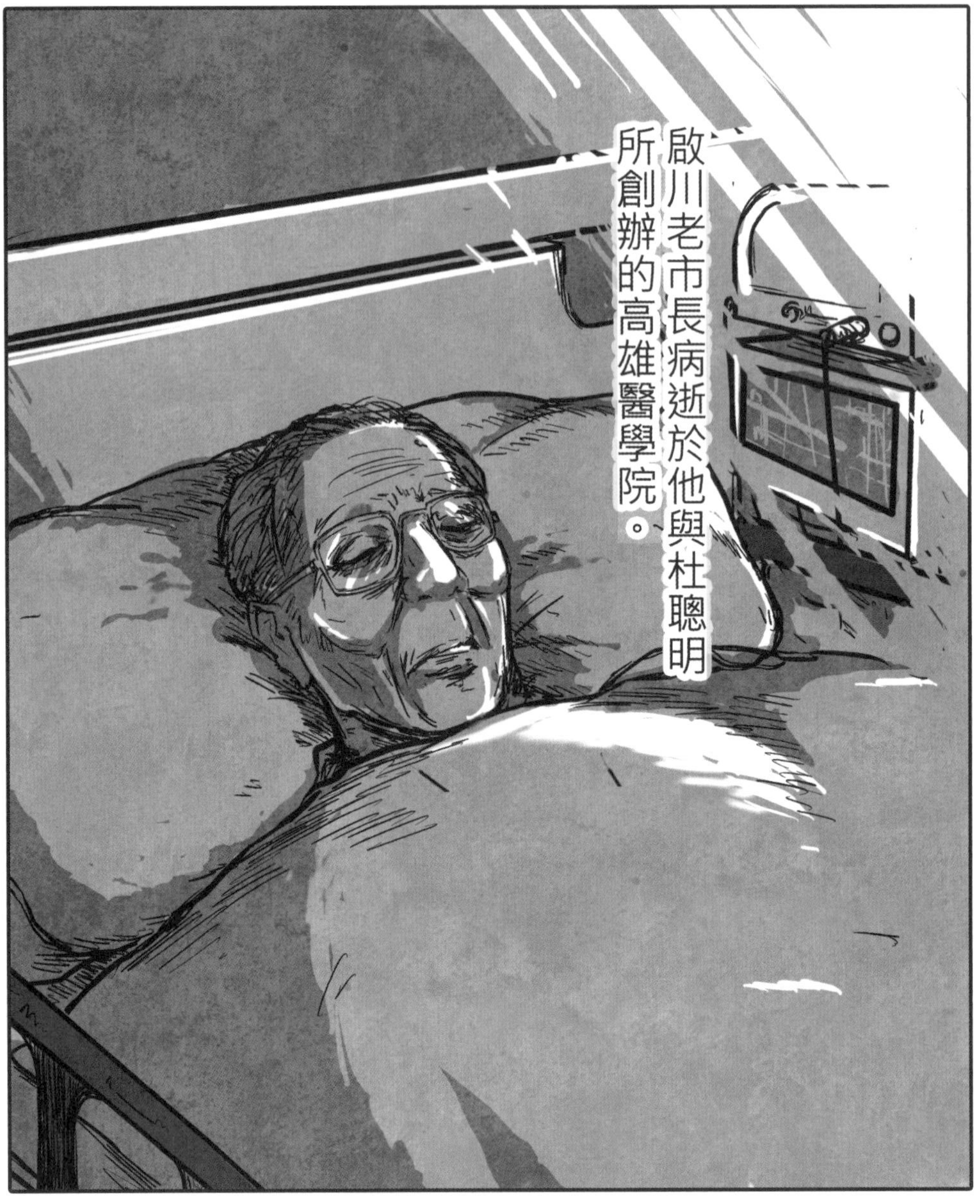
啟川老市長病逝於他與杜聰明
所創辦的高雄醫學院。

雖然他離開了，但是他的榮耀與傳奇
仍將留存後世心中。
也終會是人們津津樂道的故事。

高價收購
昭
碩
人

陳啟川先生
告別式會場

李登輝
總統
陳啟川……

副總統 連戰
台灣省主席 宋楚瑜
高雄市長 吳敦義
監察院院長 陳履安
他不只是一位成功的企業家，
也是一位令人敬仰的高雄市大家長。
陳

他……
活過了精彩的一生
愛國、愛家、愛社會。
備受各界尊崇。

後來……
接受陳啓川先生邀請擔任
高醫主秘的蔡景軾曾說，
陳啓川先生一生做的兩件極有意義的事：
以高醫人為榮
樂學至上
研究第一

一是擔任高雄市市長，
另一件就是
創辦高雄醫學院。

這兩件事，都是為地方、
為社會、為國家謀福利的事．．
董事長 陳啟川
西元1899-1993

陳啟川先生的夙行與人格，
將永誌社會傳為典範。

陳啟川先生

大事年表

一八九九（明治32）年	1 歲	◎6月6日（農曆4月28日），出生於苓雅寮舊宅（父：陳中和，母：劉玉）
一九一二（大正元）年	14 歲	◎苓雅寮公學校畢業。 ◎赴日留學，入東京慶應義塾就讀，前後共8年。
一九一九（大正8）年	21 歲	◎5月4日，「第一回全國中等學校選手權大會」在一百公尺、二百公尺、鐵餅、鉛球、標槍、八百公尺接力中，皆獲得第一名。

一九二〇（大正9）年	22歲	◎4月24～25日，「第七屆奧運會預選賽」四百公尺接力第一名（破日本全國紀錄）。 ◎11月2～3日，「第二回全國專門學校聯合競技會」跳遠第三名、標槍第二名、五項全能運動第三名、八百公尺接力第二名。
一九二一（大正10）年	23歲	◎入香港大學商科。
一九二二（大正11）年	24歲	◎出任「陳中和物產株式會社」董事兼「烏樹林製鹽株式會社」、「新興製糖株式會社」董事。 ◎香港大學商科畢業。
一九二九（昭和4）年	31歲	◎任株式會社興南新聞社董事。 ◎任臺灣新民報社顧問。
一九三〇（昭和5）年	32歲	◎8月8日，陳中和先生逝世，享年78歲。

一九三二（昭和7）年	36歲	◎12月25日，高雄州野口知事任命為高雄州第五屆協議員，任期2年。
一九三四（昭和9）年	38歲	◎11月18日，奪得淡水高爾夫球場錦標賽冠軍，並於11月4日預賽的第二洞演出一桿進洞。
一九四三（民國18）年	45歲	◎臺灣總督府舉辦「臺灣登錄寫真家」活動，以作品〈收割〉獲選登錄。
一九四五（民國34）年	47歲	◎10月25日，以臺灣地區民間代表身分受邀參加日本戰敗受降典禮。
一九四七（民國36）年	49歲	◎1月1日，任彰化銀行常務董事。
一九五〇（民國39）年	52歲	◎4月，任南和興產股份有限公司董事長。
一九五四（民國43）年	56歲	◎7月21日，高雄醫學院成立，被推選為第一屆董事長。

年份	年齡	事蹟
一九六〇（民國49）年	62歲	◎4月24日，以九十四%得票率當選為高雄市第四屆市長。 ◎10月30日，市立體育館完工，此為當時臺灣地區唯一的巨蛋室內體育場館。 ◎創立高雄市攝影學會。
一九六二（民國51）年	64歲	◎9月4日，高雄市與檀香山市締結為姐妹市，為高雄市國際關係開創新頁。
一九六三（民國52）年	65歲	◎6月6日，赴美參加8月在舊金山舉行之全美市長會議。
一九六四（民國53）年	67歲	◎4月26日，於4位候選人中以六十二點四%得票率，當選連任第五屆高雄市長。
一九六六（民國55）年	69歲	◎3月28日，高雄市與韓國釜山市締結為姐妹市。
一九六七（民國56）年	70歲	◎高市辦理興建國宅、土地重劃工作，成績卓著。

一九六八（民國57）年	71歲	◎6月2日，第五屆市長任期屆滿，辦理移交。 ◎市議員張瑞芙列舉先生主政八年之十大貢獻。
一九七二（民國61）年	74歲	◎5月12日起，任高雄醫學院第四屆至第十屆（至一九九〇年）董事長。
一九九二（民國81）年	94歲	◎7月15日，李登輝總統為褒揚先生捐資興學，創辦高雄醫學院，特頒「興學育才」匾額。
一九九三（民國82）年	95歲	◎5月11日，因心肺功能衰竭，溘然長逝。

巨變的時代：陳啟川先生傳

2018年7月初版 定價：精裝新臺幣380元
平裝新臺幣280元

編繪	張重金
審訂	張守真
	楊玉姿
主編	陳宛昀
叢書編輯	張擎
內文排版	陳宛昀
封面設計	張重金
	陳宛昀
編輯主任	陳逸華

出版者	聯經出版事業股份有限公司
地址	新北市汐止區大同路一段369號1樓
編輯部地址	新北市汐止區大同路一段369號1樓
叢書主編電話	(02)86925588轉5321
台北聯經書房	台北市新生南路三段94號
電話	(02)23620308
台中分公司	台中市北區崇德路一段198號
暨門市電話	(04)22312023
台中電子信箱	e-mail：linking2@ms42.hinet.net
郵政劃撥帳戶	第0100559-3號
郵撥電話	(02)23620308
印刷者	文聯彩色製版印刷有限公司
總經銷	聯合發行股份有限公司
發行所	新北市新店區寶橋路235巷6弄6號2樓
電話	(02)29178022

總編輯	胡金倫
總經理	陳芝宇
社長	羅國俊
發行人	林載爵

行政院新聞局出版事業登記證局版臺業字第0130號

本書如有缺頁，破損，倒裝請寄回台北聯經書房更換。
ISBN 978-957-08-5141-0 (精裝)
ISBN 978-957-08-5139-7 (平裝)
聯經網址：www.linkingbooks.com.tw
電子信箱：linking@udngroup.com

國家圖書館出版品預行編目資料

巨變的時代：陳啟川先生傳/張重金編繪．張守真、楊玉姿審訂．初版．新北市．聯經．2018年7月（民107年）．216面．18.2×25.7公分
ISBN 978-957-08-5141-0（精裝）
ISBN 978-957-08-5139-7（平裝）

1.陳啟川 2.台灣傳記 3.漫畫

783.3886 107009737